统一大市场

魏建国等 著

图书在版编目（CIP）数据

统一大市场 / 魏建国等 著 . —北京：东方出版社，2023.1
ISBN 978-7-5207-1894-3

Ⅰ.①统… Ⅱ.①魏… Ⅲ.①统一市场—研究—中国 Ⅳ.① F723

中国版本图书馆 CIP 数据核字（2022）第 168561 号

统一大市场
（TONGYI DA SHICHANG）

作　　者：	魏建国等
责任编辑：	于旻欣
助理编辑：	窦若鹏
出　　版：	东方出版社
发　　行：	人民东方出版传媒有限公司
地　　址：	北京市东城区朝阳门内大街 166 号
邮　　编：	100010
印　　刷：	北京联兴盛业印刷股份有限公司
版　　次：	2023 年 1 月第 1 版
印　　次：	2023 年 1 月第 1 次印刷
开　　本：	660 毫米 ×960 毫米　1/16
印　　张：	16
字　　数：	165 千字
书　　号：	ISBN 978-7-5207-1894-3
定　　价：	69.00 元

发行电话：（010）85924663　85924644　85924641

版权所有，违者必究

如有印装质量问题，我社负责调换，请拨打电话：（010）85924602　85924603

目录
CONTENTS

前　言　全国统一大市场的治理体系 / 1

第一章
重提"统一大市场"的背后

全球最强统一大市场的序幕正在拉开　魏建国 / 003

建设全国统一大市场是国策级战略　李稻葵 / 008

解密统一大市场的前世今生　杨德龙 / 016

六问"统一大市场"　周天勇 / 023

第二章
战略转型：解读统一大市场与"双循环"新发展格局

大变局与大转型　张　明 / 035

让企业真正"天高任鸟飞"　贾　康 / 042

由大转强：细探全国统一大市场建设的内在逻辑　田　轩 / 051

第三章
统一大市场：唯有行"法治"

合约密集型经济：统一大市场的本质　黄少卿　肖　佳 / 059

建立全国统一大市场的四个重点法律问题　杨兆全 / 079

《反垄断法》助力全国统一大市场公平竞争　时建中 / 095

第四章
直面统一大市场的改革难点

跨越统一大市场的三道财税门槛　王雍君 / 111

建设全国统一大市场，"三重压力"环境下的发力　陈道富 / 117

统一大市场背景下的城镇化发展思考　冯　奎 / 123

全国统一大市场关键在于"超越竞争"　本　力 / 129

全国统一大市场：市场公平竞争的保障　袁钢明 / 140

明确市场化标准，护航统一大市场方向　滕　泰　张海冰 / 157

改革、开放、创新　黄奇帆 / 165

第五章
统一大市场促进国际化之路越走越宽广

全国统一大市场拒绝关门主义　白　明 / 179

众行者易趋：统一大市场的国际化新范式　付　鹏 / 188

第六章
数字化时代的统一大市场建设挑战

数字化是统一大市场建设的重要引擎　王志刚 / 197

全国统一大市场建设需"双核驱动"　罗志恒 / 207

附　录

中共中央　国务院关于加快建设全国统一大市场的意见 / 216

最高人民法院关于为加快建设全国统一大市场提供司法服务和保障的意见 / 230

前　言
PREFACE

全国统一大市场的治理体系

《中共中央 国务院关于加快建设全国统一大市场的意见》（以下简称《意见》）共八大部分三十条规定，从全局和战略高度明确了加快推进全国统一大市场建设的总体要求、主要目标和重点任务，释放了持续深化改革开放、推动高质量发展的积极信号。一方面，建设全国统一大市场，通堵点、畅流通，有利于形成供需互促、产销并进、畅通高效的国内大循环；另一方面，市场是全球最稀缺的资源，建设全国统一大市场，有利于保持和增强对全球企业、资源的强大吸引力，更好地推动市场相通、产业相融、创新相促、规则相联，促进国内国际双循环。

建设全国统一大市场的历史背景

全国统一市场是成熟市场经济的重要标志，也是构建新发展格局的基础支撑和内在要求。站在百年未有之大变局的背景下，加快建设全国统一大市场恰逢其时。

首先，当前我国人均GDP接近高收入国家门槛，跨越"中等收入陷阱"仅一步之遥。我们有制度优势、禀赋优势和市场优势，但是对"中等收入陷阱"也不能忽视。

全国统一大市场的建立能提高经济效率，提升经济动能，助力跨越"中等收入陷阱"。第一，建设全国统一大市场是激发市场活力、增强经济内生动力的重要基础。强化市场基础制度规则统一，有利于稳定市场预期、增强市场信心，为形成强大国内市场、促进经济平稳运行提供稳定、公开、透明、安全、法治化、可预期的制度环境。第二，建设全国统一大市场是畅通经济循环、发挥我国超大规模市场优势的重要前提。打造统一的要素和资源市场，有利于各类市场主体平等便捷地获取市场资源、促进各类生产要素在更大范围内有序流动，为释放超大规模市场潜力提供有利条件。第三，建设全国统一大市场是释放消费潜力、扩大消费需求的重要举措。推进商品和服务市场高水平统一，有利于增强消费信心、扩大消费需求，为深入实施扩大内需战略、增强我国经济发展韧性提供基础支撑。

其次，构建以国内大循环为主体、国内国际双循环相互促进的新发展格局，对国内大循环提出了更高的制度要求，这也是加快建设全国统一大市场出台的现实背景。近年来，全国统一大市场建设工作取得重要进展，但在实践中还存在一些妨碍全国统一大市场建设的问题，如市场分割和地方保护问题比较突出，要素和资源市场建设不完善等。落实构建新发展格局的战略部署，必然要加快建设全国统一大市场，畅通全国大循环。同时，建设全国统一大市场是实现高水平对外开放、打造国际合作和竞争新优势的重要依托。加快推动标准、规则等制度型开放，有利于增强对全球先进资源要素吸引力、促进国内市场与国际市场更好联通接轨，使我国在国际竞争合作中取得新优势。

最后，数字经济无论从深度还是广度都前所未有地影响着商业模式的变化，对市场边界都提出了新的需求，数据作为重要的生产要素需要确立好新的权利边界，这都要求重新建立市场规则，促进可持续发展。比如《意见》中提出的优化政府颁布标准与市场自主制定标准结构，对国家标准和行业标准进行整合精简。强化标准验证、实施、监督，健全现代流通、大数据、人工智能、区块链、第五代移动通信（5G）、物联网、储能等领域标准体系。深入开展人工智能社会实验，推动制定智能社会治理相关标准等。

全国统一大市场的治理体系

统一大市场的一个核心问题就是它的治理体系，好的治理体系是确保统一大市场运行的关键。《意见》第四条到第三十条均是治理相关内容，包括强化市场基础制度规则统一（完善统一的产权保护制度、实行统一的市场准入制度、维护统一的公平竞争制度、健全统一的社会信用制度）、推进市场设施高标准联通（建设现代流通网络、完善市场信息交互渠道、推动交易平台优化升级）、打造统一的要素和资源市场（健全城乡统一的土地和劳动力市场、加快发展统一的资本市场、加快培育统一的技术和数据市场、建设全国统一的能源市场、培育发展全国统一的生态环境市场）、推进商品和服务市场高水平统一（健全商品质量体系、完善标准和计量体系、全面提升消费服务质量）、推进市场监管公平统一（健全统一市场监管规则、强化统一市场监管执法、全面提升市场监管能力）、进一步规范不当市场竞争和市场干预行为（着力强化反垄断、依法查处不正当竞争行为、破除地方保护和区域壁垒、清理废除妨碍依法平等准入和退出的规定做法，持续清理招标采购领域违反统一市场建设的规定和做法）等。

从上述内容和规定来看，建设统一大市场需要三方面的力量。

首先是政府力量。政府治理作用巨大，也是统一大市场文件中反复强调的内容。上海交通大学安泰经济与管理学院黄少卿教授利用地级市律师事务所数据和法院裁判文书信息，进行了一项经验分析，研究发现在控制了城市化率、人力资本水平和政府规模等因素之后，地区司法质量每提升10%，该地区的服务业产值占比将提高5.62%，就业占比将提高3.46%。尤其是在属于生产性服务业的金融业领域存在更加显著的结果，地区司法质量每提升10%，该地区金融业产值占比将提高16.35%。这说明，无论是对于整个服务业的发展，还是对于在提高生产率方面有更重要作用的生产性服务业的发展，提升法治水平都能产生显著的促进作用。

其次，自治原则需要最大化地发挥作用。近年随着数字经济的发展，一些平台出现"杀熟""导流""二选一"等垄断行为，因而平台反垄断不断加强。在加强监管的同时，也需要提升平台自治能力，即平台有责任建设好平台生态，确保良性竞争，避免双边市场中垄断带来的效率损失。

数字经济的发展并没有消除监管和市场之间的信息不对称，相反带来了更多的模糊地带。数字技术给政府监管以及政府和市场边界的确立带来了挑战。

面对海量数据的数字经济时代的市场监管一定要注重自治性原则，平台之外的监管者往往不能很好地应对平台的治理。平台自治是多年以来保障中国平台经济总体有序运转，消费者能够接受的一个最成功的办法。

最后，独立第三方的力量不能忽视。除政府监管和市场主体自治之外，仍然需要独立第三方的舆论监督。这里包括公众监督、媒体监督和社会组织监督等。有效的市场治理需要发挥第三方的作用，解决信息不对称问题。比如通过典型案例的剖析来提升监管水平。

在此背景下，本书邀请了国内头部的经济学者就统一大市场的背景、内涵、意义、方向、措施、治理、展望等展开了深入分析。阅读此书，将让我们对统一大市场有更加深刻的认识，既有理论分析，又有案例分享；既有数据实证，也包含政策建议，希望本书能为大家学习研究统一大市场提供一定的参考。

本书作者包括高校学者、智库人员、政策学者等，均为各个领域的翘楚。我们希望能提供更加立体、更加独立客观的分析，希望能为统一大市场的建设提供思想增量。

新经济学家智库

第一章

重提"统一大市场"的背后

全球最强统一大市场的序幕正在拉开

魏建国

（商务部原副部长）

许多人问我，全国统一大市场何时能建成？我说："一个统一的大市场正从东方地平线升起！"为什么这么说？因为在党的二十大报告中已有多处提到了"高水平"三个字，而构建全国统一大市场正是构建高水平社会主义市场经济体制的重要组成部分，是推进高水平对外开放的重要依托。

党的二十大报告吹响了构建全国统一大市场的进军号。

一、创建全球最强统一大市场

党的二十大报告指出："构建全国统一大市场，深化要素市场化改革，建设高标准市场体系。"习近平总书记指出，"构建新发展格局，迫切需要加快建设高效规范、公平竞争、充分开放的全国统一大市场，建立全国统一的市场制度规则，促进商品要素资源在更大范围内畅通流动"，这为我们建设全国统一大市场提供了根本遵循。

《中共中央 国务院关于加快建设全国统一大市场的意见》(以下简称《意见》)发布，正值全球经济复苏乏力，新冠肺炎疫情不断肆虐，全球产业链、供应链断裂之时，中国特大市场规模潜力也尚未发挥出来。也正是在这个时候，地方保护主义和市场分割现象有所抬头，特别是在"双循环"新发展格局中，经济循环的堵点、难点增多，商品要素资源没有在更大规模市场内畅通流动。

　　这一文件的出台非常必要，十分及时，它释放了两个信号：第一，吹响了铲除地方保护主义的进军号；第二，拉开了创建全球最强统一大市场的序幕。

二、统一大市场将根治地方保护主义顽疾

　　在全国统一大市场下，地方政府绝对不能再继续搞地方保护主义，自我循环，必须一切统筹在全国统一大市场的框架之内，这样才能正确发挥全国统一大市场的作用。地方政府要认真贯彻、密切配合，把地方的优势和特色通过全国统一大市场发挥出来。

　　除了政府的作用之外，中介机构也要发挥服务、协调和平衡作用，进一步克服我们现在还存在的信息不对称、项目不匹配、资金不融通及整个经济发展不均衡的问题，把信息输送到每一个企业，让企业家、政府知道有什么项目可干、怎么干、在什么地方干。此外，还要把金融服务输送到节点上，比如在物流企业

中，要直接输送到货车主那里，要让金融服务在产业链、供应链的关键环节发挥作用。

三、建设全国统一大市场必须破除三个误区

在《意见》中提出要实行统一的市场准入制度和健全统一市场监管规则，表明了中国要在未来5年到10年内，实现生产要素在全国范围内的最佳配置。这个最佳配置有两个关键节点：第一，要由市场安排；第二，政府要更好地服务。从近代经济发展史来看，哪个国家能够在更大范围内实现生产要素的最佳配置，哪个国家就能释放更大的市场活力，经济发展就会更快，其影响力也会更大。生产要素包括土地、资本、技术、人才等，当然，随着全球化的发展，还会有更多其他类型的新生产要素。本着这一目标，国家表明了这样的决心。

统一大市场囊括了三点：政策的统一性、规划的一致性、执行的协同性。也就是说，要用"四个一"来解决问题，即全国一张清单——市场准入清单，全国一个体系——以国际化、法治化、市场化形成的市场体系，全国一种制度——知识产权保护制度，全国一个机制——协同保障机制。

综上所述，建设全国统一大市场，一定要破除以下三个误区：

第一，建设全国统一大市场不是退回改革开放之前的计划经济，更不是走闭关自守的道路，而是推动中国达到更高水平的对

外开放。

第二，建设全国统一大市场不是抛弃国际市场，恰恰相反，这是进一步推动全球化健康发展的需要，是进一步推动全球贸易和投资自由化、便利化的需要。

第三，建设全国统一大市场不是封杀互联网经济，而恰恰是要创造更好的条件，促进互联网经济健康稳步地发展。

这三个误区一定要破除，全国统一大市场是我们加快构建以国内大循环为主体、国内国际双循环相互促进的新发展格局的重要支撑和推动力，也是帮助我们走出现阶段经济低迷的良方。特别是中国在实现第一个百年目标，向第二个百年目标迈进时，提出加快建设全国统一大市场，更表明了全国统一大市场建设的重要性与必要性。

四、统一大市场下，未来全球经济发展将更加依赖中国

当下全球都在关注着中国的发展，全国统一大市场会给中国带来三个明显的发展变化：

第一，全球的制造业以及技术、资本、人才向东转移，尤其是将会加快速度向中国转移。

第二，全球整体的经济发展会更加依赖中国，而中国对全球的依赖性则会相对减轻。

第三，中美、中欧，你中有我、我中有你，中美经贸关系并不会像美国所说的那样"脱钩"，而是会互惠合作，有更好的发展。

全国统一大市场不仅是创新交流的大平台，同时也是生产要素——资本、信息、技术、人才等交流的大平台，全部生产要素在这个"大码头"实现最佳配置，以最小的成本取得最大的收益。全国统一大市场将像吸铁石一样，吸引世界上更多的生产要素来到中国进行最佳的配置。全国统一大市场的形成有利于实现联合国提出的可持续发展目标，特别是在当前全球贫富差距、地区差距、国别差距及人民生活水平的差距不断扩大的情况下，有利于中国缩小这些差距，逐步实现共同富裕。

建设全国统一大市场是国策级战略

李稻葵

（清华大学中国经济思想与实践研究院院长）

2022年4月10日，《中共中央 国务院关于加快建设全国统一大市场的意见》发布。建设全国统一大市场绝不是走回头路搞计划经济，相反，建设全国统一大市场是建设更高质量的市场经济，是实现第二个百年目标的国策级战略。建设全国统一大市场的关键是研究透、学习好政府与市场经济学。

一、世界大国崛起的根本

纵观全球经济发展史，所有实现成功崛起的大国无一例外都建立了全国统一大市场。历史经验表明，世界各经济强国和发达经济体腾飞的进程也是国内市场逐步统一和完善的过程，而这个过程需要政府的推动和制度的完善。

美国自建国之初，就高度重视统一大市场的建立。美国1787年制定并于1789年实施的宪法，与其说是一部政治法，倒不如说是一部经济法，其核心目标之一就是要保障美国统一大市场的建立和高效运行。例如，1787年宪法中明确规定"所有间接税、进口税与货物税应全国统一""对于任何一州输出的货物，不得征收税金或关税"。

历史上，美国最高法院的许多著名判例就是围绕如何保证和巩固统一大市场展开的。其中有一个著名的案例就是第四任美国首席大法官约翰·马歇尔在1824年裁判的，案子是纽约州和新泽西州两个商人的纠纷，他们都要争夺在哈得孙河（两州的边界河）摆渡生意的独家经营权，双方都说本州授予了其独家经营权，要求对方退让。马歇尔大法官判决，任何一州都没有权力授予跨州摆渡业务的独家经营权，因为哈得孙河摆渡业务是跨州贸易。美国是判例法国家，这一著名判例为未来类似案子的裁判树立了一个重要的法律原则：任何州政府都不能干预跨州的商业行为。类似的判例还有巴尔的摩市曾擅自对经过其港口的酒加征关税，这一做法也被最高法院认定为阻碍了美国统一大市场形成，理由是经过巴尔的摩港的酒是要销往美国各地的。

除上述判例外，很多人还认为，1861年开始的美国南北战争也是为了维护全国统一大市场。当时美国南方的农场主希望保持自由贸易，通过自由贸易把自己的原材料卖给英国，并从英国进口工业品。而北方的企业家则支持贸易保护，认为国内统一大市场应该优先于自由贸易，即南方的农产品应该由北方的工业工厂加工，为此应该对英国的工业品加征进口关税。南方要求独立的自由贸易，北方要求建设统一大市场，这就形成了南北对立。因此，南北战争也可以被理解为统一大市场和分割大市场之争，最后主张统一大市场的北方赢了。

除美国外，德国成功崛起的过程也验证了统一大市场的重要性。德意志统一发生在1871年，其直接原因当然是普法战争中普鲁士取得了胜利。但实际上，早在德国统一前的1834年，以普鲁士为首的各邦国为消除相互之间的贸易障碍就已经结成了德意志关税同盟，并逐步形成了统一大市场。统一大市场的建立直接促进了19世纪德国工业革命的发展，并为德国从经济统一走向政治统一提供了巨大推动力。

二、全球大国参与国际竞争的立足点

统一大市场之所以对大国经济崛起非常重要，主要有以下三方面原因。

第一，统一大市场是本国企业做大做强的重要基础。对大国而言，建立全国统一大市场的重要性远超过小国，因为大国的国内市场潜力巨大，一旦形成了全国统一大市场，相关行业内的企业就能充分发挥规模效应，持续增加研发投入。当前在生物医药、芯片、5G、新能源等诸多重要领域的研发创新往往需要巨额的初始投入，只有背靠国内统一大市场，企业才能更好地支持研发。

第二，统一大市场是本国企业参与国际竞争的保障。大量的经验表明，只有在国内形成规模优势的企业，才能更好地参与国际竞争。这就是为什么一般来讲，来自大国的具有国际竞争力的企业比较多。设想一下，倘若当年美国没有形成国内统一大市场、各地分割保护，美国零售龙头企业沃尔玛就很难在国内形成今天的竞争规模优势。如果没有在国内做大做强，沃尔玛怎么能走向世界呢？同样的道理，如果美国没有建立统一大市场，也就很难培养出当下的微软、Facebook这样的大型创新型企业，美国经济的国际竞争力和影响力也会大打折扣。

第三，统一大市场是大国引领全球化的重要筹码。大国国内的统一大市场是撬动国际市场的重要筹码，也是引领全球化的必要条件。无论是19世纪中叶英国主动引领全球化，还是二战后美国主导构建世界经济秩序的过程都验证了这一点。其基本逻辑在于，由于国内市场足够大，因此掌握先进技术的大国可以通过主动对外开放，在传统行业里让渡部分的国内市场份额，以吸引其他国家跟随开放，从而帮助国内高科技企业占领国际市场，整体来看，本国从全球化中获益更多。

因此，全国统一大市场是大国充分释放规模优势，参与国际竞争的根本立足点，也是过去多年来美国成为全球化主要引领者的基本机理所在，更是孵化培养具有全球竞争力企业的必要条件。

三、中国经济高质量发展的必然

改革开放以来，中国经济取得了长足发展。当前中国经济已经形成了一个庞大的国内市场，许多产品在中国市场的产量和需求量都是世界第一。同时，随着互联网技术的广泛应用，中国的产品从来没有像今天这样在全国各地畅通无阻地自由流动。然而，作为崛起的大国，中国统一大市场的潜力尚未充分发挥，主要表现在以下几方面：

第一，地方保护主义和市场分割现象仍然存在。当前许多产品的全国统一大市场尚未完全形成，地方保护主义现象仍然普遍存在，阻碍着企业的进入和退出。以各地出租车品牌为例，目前这个市场是地方割据化的，北京以北汽为主，上海以上汽为重，重庆主要用长安……什么时候北京的出租车不再以北汽为主，而是以上汽或东风为主，这时候就形成产品的统一大市场了。建立全国统一大市场要求进一步打破区域间产品和要素流动的藩篱，推动产业内部的兼并重组，从而释放出中国经济内生增长的更多动力。

第二，限制劳动力自由流动的制度性障碍仍然存在，阻碍了经济地理的再布局。从各国经济发展历史来看，人口地理分布的变化是生产力发展历史进程的必然要求，中国经济在过去40多年的变化相当于历史上1500年的变化，而目前中国经济地理人口的变化远远落后于经济增长本身的变化。尽管近年来随着户籍管理制度的改革，对劳动力自由流动的限制因素在逐步消除，但仍然存在着社保转移接续难等问题，阻碍着劳动力全国统一大市场的形成。为此，应该顺应经济社会发展的自然规律，解决制度性障碍，推动中国经济地理的再布局，进一步释放中国经济增长的长期动力。

第三，约束性的发展指标自由流动受限，导致了资源错配和效率损失。当前中国经济正在从高速发展向高质量发展转变，传统粗放式的经济发展模式也要进行调整，各级政府在发展经济过程中也不可避免地面临去产能、保耕地、减排放等多重目标。有人讲按照市场经济理论，这些约束指标应该破除，客观现实是，任何大国，出于全国"一盘棋"考虑，比如总体经济安全，都会有一些约束性指标。当前的主要做法是将各类约束性指标以行政命令的方式逐级传递，下级政府面临着上级的督查问责压力，且大部分约束要求都呈现碎片化、红线化的特征。而事实上，约束性指标作为一类特殊的生产要素，也应当在全国总量控制的基础上充分发挥市场的作用，有效配置给各个企业，让真正过剩的产能精准退出。而当前"一刀切"地将全国总量控制目标分派给地方，造成了大量的资源错配和效率损失。以钢铁产能为例，宏观层面相对于内陆来说，钢铁新增产能布局在沿海省份，无论从运输便利性、运营成本，还是从污染物排放角度来说都更具科学性，但是由于当前各级地方政府都有明确的、要严格执行的产能控制目标，并对跨省产能置换有一系列的严格限制，限制了钢铁在全国范围的科学布局，也影响了钢铁产品结构的优化。如果能够建设一个统一的钢铁产能监控系统，实时监控所有钢铁企业的产出情况和原材料购置情况，就可以在全国总量控制的基础上，放开省际产能指标的交易，形成一个产能指标市场，这将有望成为统一国内钢铁大市场，优化产能布局的关键一招。

第四，建设全国统一大市场是保证以互联网平台为代表的数字经济形成国际竞争力的关键。当前，以互联网平台为代表的数字经济方兴未艾，已经成为中美竞争的关键产业，是决定着中国经济未来能够成为世界级经济体的关键。这些产业的基本特点是具有规模效益，且必须面对全国统一大市场。对这些产业如何监管？怎样的行为构成资本无序扩张？如何定义垄断行为？这些问题只有在全国统一大市场的框架下进行讨论，才能合理解决，才能保证数字经济产业在全球范围形成国际竞争力。

四、要修好政府与市场经济学

美国和德国的案例都告诉我们，统一大市场不可能自发形成，必须由政府来培育和匡正，因此建设统一大市场的关键是要修好政府与市场经济学。政府与市场经济学是研究政府在市场经济中的作用与行为的经济学新分支，它有三个基本出发点。第一，政府在现代市场经济中是一个极为重要的直接参与者；第二，政府的行为直接影响市场经济的表现；第三，必须建立一套机制，激励政府培育与监管市场经济的发展，从而让政府的作用与市场的作用同向发力。

根据政府与市场经济学理论，在建设全国统一大市场过程中，需要明确以下几点。

第一，必须充分尊重企业和企业家的主体地位。统一大市场绝不是回到计划经济体制，相反，是更高质量的市场经济，其中企业和企业家是统一大市场的行为主体，是影响市场效率高低的重要因素，因此，只有充分调动和保护企业家和企业的积极性，才能够在最基础的层面为建设统一大市场提供活力。

第二，必须充分调动地方政府的积极性。改革开放40多年来中国经济发展的一条重要经验就是地方政府必须帮助市场发展，同时也要匡正市场，在政府帮助和匡正市场的正确行为背后，应该是正确的激励。统一大市场的基本要求是各个地方政府必须为本地经济发展服务，而且促进本地经济发展要以不影响地区之间的要素和产品的流动为前提。为此，要通过深化税收制度改革和调整官员考核体系，充分调动地方政府的积极性，激励各级政府在全国统一的市场规范条件下，积极改善本地的营商环境，为企业和企业家发展创造条件。

第三，必须由专业的部门在全国层面建立统一的规范标准。全国统一大市场需要有统一的规范标准，而规范标准又必须由专业的职能部门来制定，这些部门要有一定的独立性和稳定性。这就好比，世界各国政府总体上讲，在控制本国的通货膨胀和货币政策方面的效果要优于控制本国的财政预算，因通货膨胀而失控的国家数量要远远少于因财政亏空而失控的国家数量。其背后的原因就是各国央行的运作相对而言是比较独立的。因此，建设统一大市场也需要有一批具备一定独立性和专业性的职能监管部门，来制定相应的标准规范。

第四，必须充分发挥市场机制。要把建设全国统一大市场与深化重点领域改革相结合，通过引入市场机制来解决长期以来困扰行政部门的诸多问题。例如，减碳的问题、产能过剩的问题、耕地保护的问题等，这些问题都应该利用统一大市场的机制来合理地解决。

解密统一大市场的前世今生

杨德龙

（中国证券业协会首席经济学家委员会委员、
前海开源基金首席经济学家）

建设统一大市场，服务新发展格局。2022年4月，《中共中央 国务院关于加快建设全国统一大市场的意见》（以下简称《意见》）发布，提出要"加快建设高效规范、公平竞争、充分开放的全国统一大市场，全面推动我国市场由大到强转变"。事实上，"统一大市场"的概念并非首次提出。建设全国统一大市场，在国家层面的政策演进已经历经近30年，伴随我国改革开放历程一直在更新迭代。

此次《意见》在2021年12月中央深改委会议审议通过，与此前发布的相关文件一脉相承。因此，如果想要更好地把握"统一大市场"的深层次意义，我们必须从更长远的历史周期出发，梳理全国统一大市场政策的来龙去脉。

一、十四大至十七大：探索提议期（1992—2012 年）

改革开放初期，国家的主要任务是经济建设。为了充分调动地方主观能动性，中央政府将经济决策权力大规模下放到地方。但地方政府受过去计划经济的影响，实行了一系列与市场割裂和封锁的措施，严重干扰了市场的运行效率，在这一背景下，建立全国统一市场的呼声越来越高。

1992 年，党的十四大报告首次提出"尽快形成全国统一的开放的市场体系"，要"坚决打破条条块块的分割、封锁和垄断，促进和保护公平竞争。价格改革是市场发育和经济体制改革的关键"。

1993 年，十四届三中全会进一步提出要"形成统一、开放、竞争、有序的大市场"。此后党的十五大（1997 年）、十六大（2002 年）、十七大（2007 年）都反复强调要健全统一、开放、竞争、有序的现代市场体系。十五大报告提出"清除市场障碍，打破地区封锁、部门垄断"，十六大报告提出"打破行业垄断和地区封锁，促进商品和生产要素在全国市场自由流动"，十七大报告提出"以现代产权制度为基础，发展混合所有制经济"。从十四大到十七大的十多年间，关于现代市场体系的表述基本上都是围绕"统一、开放、竞争、有序"这八个字，其中"统一"是比较重要的方面。

2003 年，十六届三中全会对加快建设全国统一市场做出部署,提出"强化市场的统一性,是建设现代市场体系的重要任务"。在此阶段,"全国统一市场"通常与"价格改革""地区封锁分割""混合所有制改革"等概念同时被提及,反映出一定时期内的重点任务或经济问题更着眼于短期,尚未形成系统性的政策框架,意味着统一市场建设仍处于探索阶段。

二、十八大期间:强调市场决定性作用(2012—2017年)

十四大以来,我国在打破地区封锁方面取得了一定进展,商品和要素流动的显性壁垒明显减少。但地区封锁和市场分割仍然存在,且手段形式更为隐蔽多样,比如在保护内容上,由保护本地产品、资源为主,转向保护本地市场为主,限制外地产品进入本地市场;在保护范围上,由过去的保护商品市场为主扩大到保护要素和服务市场。

十八大期间,统一大市场建设主要聚焦两方面:一是打破地区保护,让市场在资源配置中起决定性作用;二是加快推进物流等流通体系建设,降低成本。

2013年,党的十八届三中全会重申建设统一开放、竞争有序的市场体系,加快形成商品和要素自由流动、平等交换的现代市场体系,并首次提出"使市场在资源配置中起决定性作用"。

2015年8月,高层首次公开使用"全国统一大市场"一词。李克强总理在国务院常务会议上提出"部署发展现代流通业建设法治化营商环境,构建全国统一大市场旺消费促发展"。紧接着,在 11 月全国推进内贸流通现代化电视电话会议上，总理进一步批示"大力改革创新，完善支持政策，进一步清除妨碍全国统一大市场建设的'路障'，打破地区封锁，畅通市场'经脉'，切实降低流通成本"。

2015 年 10 月，《国务院关于实行市场准入负面清单制度的意见》发布，提出"有关部门要按要求清理和废除制约市场在资源配置中发挥决定性作用、妨碍全国统一市场和公平竞争的各种规定和做法，严禁和惩处各类违法实行优惠政策行为，反对地方保护，反对垄断和不正当竞争，防止相关政策妨碍全国统一市场和公平竞争"。

2016 年 4 月 11 日，国务院专题座谈会研究全面实施"营改增"相关问题时又特别指出，在推进改革中也要避免不合理的行政干预，不能限制企业跨区域经营、要求必须购买本地产品等，防止形成地方保护和市场分割，以各种不当手段争夺税源，破坏全国统一大市场建设。可以看到，十八大期间，统一大市场建设首先明确了"市场在资源配置中起决定性作用"的工作原则，并设置了更为具体的工作目标，但此时对于要素市场的界定还局限于商品和要素市场；其次是更强调"硬件"，也就是市场设施的联通，对产权保护等"软件"提及不多。

三、十九大至今：加快建设统一大市场，服务新发展格局

2017 年以来，全球经济增长持续乏力，贸易保护主义重新

抬头。在此背景下，习近平总书记提出构建以国内大循环为主体、国内国际双循环相互促进的新发展格局。建设全国统一大市场，既是畅通国内大循环的基础支撑，也是促进国内国际双循环的内在要求。

2017年，党的十九大报告提出"全面实施市场准入负面清单制度，清理废除妨碍统一市场和公平竞争的各种规定和做法"。也就是在负面清单之外实行统一的市场准入制度，这属于统一大市场建设的"软件"领域。

2018年，中美贸易摩擦升级，我国经济面临下行压力，12月，中央经济工作会议提出"要畅通国民经济循环，加快建设统一开放、竞争有序的现代市场体系""促进形成强大国内市场"。

2020年上半年，国内新冠肺炎疫情较为严重，且全球地缘政治动荡复杂。5月23日，习近平总书记在看望参加政协会议的经济界委员时强调：要逐步形成以国内大循环为主体、国内国际双循环相互促进的新发展格局。随后在7月的企业家座谈会上，总书记又重申了新发展格局的考虑和内涵。10月，党的十九届五中全会出台关于编制"十四五"规划的建议。建议的指导思想是以"三新"为引领，包括立足新发展阶段、贯彻新发展理念、构建新发展格局，新发展格局中有一条就是"形成高效规范、公平竞争的国内统一市场"。

在"十四五"规划建议的指导下，2021年3月形成了"十四五"规划纲要，纲要第四篇"形成强大国内市场 构建新发展格局"的核心就是"加快构建以国内大循环为主体、国内国际双循环相互促进的新发展格局",在这一篇中的第三节"强化流通体系支撑作用"中,有专门的一段话回答如何加快构建国内统一大市场:"对标国际先进规则和最佳实践优化市场环境,促进不同地区和行业标准、规则、政策协调统一,有效破除地方保护、行业垄断和市场分割。"

2020年12月,中央经济工作会议为2021年的经济工作定调,其中建设统一大市场作为年度重点工作任务被提出。有关部门根据中央经济工作会议的精神,在2021年开展了部分文件的前期研究、起草、征求意见等工作。2021年12月,中央全面深化改革委员会第二十三次会议审议通过了《关于加快建设全国统一大市场的意见》,习近平总书记在会上强调,构建新发展格局,迫切需要加快建设高效规范、公平竞争、充分开放的全国统一大市场,建立全国统一的市场制度规则,促进商品要素资源在更大范围内畅通流动。相较于"十四五"规划纲要,这里出现了"充分开放"的表述,体现出国家破除地方保护和区域壁垒、不搞自我小循环的决心。

2022年4月,《意见》正式出台。整体而言,《意见》在"十四五"规划纲要的总体部署下,就统一制度规则、流通体系、要素配置、商品和服务市场、市场监管五方面明确了重点工作任务,并要求进一步规范不当市场竞争和市场干预行为,是未来更长一段时间我国建设全国统一大市场的行动纲要。

在指导思想上,《意见》与2021年12月习近平总书记在深化改革委员会上的讲话一致。在工作原则上,提出立足内需,畅通循环；立破并举，完善制度；有效市场，有为政府；系统协同，稳妥推进。在内容上，与2020年的《中共中央 国务院关于新时代加快完善社会主义市场经济体制的意见》《中共中央 国务院关于构建更加完善的要素市场化配置体制机制的意见》，2021年的《建设高标准市场体系行动方案》，以及2022年的《要素市场化配置综合改革试点总体方案》等文件互有交集，又相互支撑。

  相较于此前的文件，《意见》在对要素市场的界定上，进一步把要素市场的范围拓展到能源市场，形成"五大要素市场＋生态环境市场＋能源市场"的格局；此外，《意见》不仅要求推进市场设施这一"硬件"的高标准联通，也突出强调了制度规则的统一，包括产权保护制度、市场准入制度、公平竞争制度和社会信用制度的互联、互通、互认、互用。

六问"统一大市场"

周天勇

（东北财经大学国民经济工程实验室主任）

《中共中央 国务院关于加快建设全国统一大市场的意见》（以下简称《意见》）发布，我认为可以从六个方面来理解。本文的核心要义是从体制改革紧迫性的角度来溯源这一《意见》的出台。

一问：为什么现在重提统一大市场这个概念？

从当前经济增长的潜能来看，市场化改革是一个重要的来源。如果不推进市场化改革，如要素市场化改革、资产市场化改革、垄断市场竞争化改革等，就很难让我们的经济充满活力。我们现在拥有不少的经济增长潜能，但仍有局部未能市场化，如劳动力被户籍、住房、子女教育等因素限制而无法流动。

市场化很重要的一点就是要素自由流动。但是在资本市场上，国企资本要素的市场竞争化程度不高，土地要素更是没能形成城乡统一的配置市场。这些没有形成统一市场的内容，把一些增长要素的生产力禁锢在了体制中，如户籍制度及土地指标等体制分割的、城乡分割的配置体制。

重启"统一大市场"这个提法的意义就在于更多、更彻底地释放禁锢在体制中的这些生产力，寻找新的经济增长潜能，从而稳定中国经济，实现中高速的增长。

概括来说，就是经济进入下行周期，而提高生产力的潜能被禁锢在体制分割里，所以我们要重提统一大市场。

二问：建立统一大市场和"双循环"之间有什么关系

建立国内统一的大市场，第一，要处理好国内与国外之间的循环。从与国外的循环来看，我们还是要开放，不仅国内，国外也要开放。为了实现向国外更顺畅地开放，就意味着市场要统一、地区之间要互相流动。统一大市场也是为了更顺畅地实现向外循环。

第二，从开放的程度、对经济影响的程度来看，20世纪90年代初，出口在全国GDP的占比是很低的，才百分之零点几，最高的时候是2006年，出口占比约为36%，现在我们的出口占GDP的比例又降到了约15%，可能还会更低。应该说，之前我们的出口导向的工业化战略，是利用低劳动力成本、低土地成本，甚至是用消耗生态环境资源的方式，推动了经济的增长，是粗放型的发展过程。但是，现在这样的经济循环接近尾声，整个国民经济循环中出口占GDP的比重不断下降，这种情况下，我们就需要国内大循环进行弥补和替代。

第三，我们现在要靠国内居民的收入、消费来促进国内的生产，促进国内的经济增长，保持住增长速度。

畅通国内经济循环就是要打通不能统一的市场。比如城乡统一，由于城乡分割出现堵塞，地区与地区之间仍然有很多市场封闭，各区互为封锁，甚至还存在歧视，如地方保护等。而形成统一的大市场必须要流动、要畅通，各环节都要衔接起来。

比如省与省交界的公路往往有"断头路"，最不好走的就是这种路，一条公路到交界处就断了。这种情况就不符合我们提倡的国内大循环。

所以，建立统一大市场有两方面意义，一是国际层面，即更高层次地向国内外开放；二是国内层面，即国际大循环对经济贡献的比重下降后，国内大循环要起到替代弥补作用，而形成国内大循环一定要统一大市场，不能有分割。

三问：统一大市场与反垄断有什么关系？

统一大市场最重要的是形成"竞争性的统一大市场"，而不是"垄断性的统一大市场"。如电网，如果垄断起来，没有竞争，那么价格必然很高，产出效率不高。又如，现在一些平台经济形成垄断，就会对上下游客户或者供应商有一系列由于强势地位而产生的不公平行为。

如果某个市场、某个行业被垄断了，那么所有的资金就都跑到这家垄断企业或者这一行业里。如网约车行业被垄断了，收入全都进入某家独大的网约车公司，税收也都进入某个地区的财政，但是，涉及的道路维护、交通安全维护等，全国各地都有财政支出，这家企业却没有向这些地区缴税，这就导致了社会责任的公共成本不均衡。

还有一种垄断的形式是"行业合谋"。举例来说，一般情况下，我们认为垄断是一个电商平台，或者某一专业性平台，只有一家企业在做，没有竞争者，那么它的服务费价格就会越来越高。但也有另一种"合谋"，如这家企业以外，还有第二家、第三家、第四家，它们之间达成一致形成"合谋"。

反垄断包括企业垄断和地方政府垄断。什么是政府垄断呢？比如某个地区对住房价格实行限价，这就意味着一种行政垄断。企业要降价卖，政府却不允许，这就不符合统一竞争性的大市场精神，这也是反垄断的一个方面。

四问：目前统一大市场存在哪些问题？

目前统一大市场面临的问题是城乡分割、平台垄断、土地市场行政垄断。尤其是新冠肺炎疫情这几年，市场被分割得尤为严重。比如某地区检测出阳性病例，当地就不允许社会面流动，很多营业场所也都关停。

关于统一大市场的认识存在误读的问题。譬如有观点认为，统一大市场就是要"统一"起来，其实并不是。统一大市场要解决的"统一"指的是"分割问题"——城乡分割、行政垄断。

另外统一大市场不是指把所有的市场都集中起来，而是说我们国内的市场经济规模大、人口数量大、面积区域大，不是说把所有的市场搞成一个大市场。比如我们的棉花，种植面积大、生产量大，这就是棉花的"大市场"，意味着棉花需求市场大，并不是说把棉花都堆在一块。

五问：当前统一大市场的改革任务有哪些？

目前统一大市场的核心就是要素市场化改革，要素市场化改革可以分为三部分：

一是要改革以户籍制度为中心的一系列阻碍人口和劳动力流动的体制。

首先，要尽快取消城乡、地区分割的户籍制度，不是说要取消户籍制度，而是围绕户籍制度进行改革，让人们拿着身份证到哪里都可以住。其次，是孩子的户口问题，有的人虽然在北京工作了五年，但是他的孩子并非本地户口，就不能在北京参加高考，要回老家上学，这样就会限制以家庭为单位的人员流动。再次，医疗层面，社会保障不能有地域性的歧视，外来人员要逐步纳入本地的社保体系。最后，是住房问题，无论租房还是买房，除了政策放开，国家还要有几项举措：第一，要控制住房价，不能太高，这样流动人员特别是年轻人就买得起房，否则他们无法在城里扎根；第二，要推出保障性住房，确保流动人员在城里能有住所，很多人年轻时在外务工，老了只能回乡，因为他买不起城里的房子。

二是进行资本要素配置的改革。

要加快国有企业体制的改革，因为国有企业的资本配置效率低，选取大概20年的数据显示，权益资本的利润率大概才有1.4%，这一数值起码要到5%，才能确保权益资本的利润率高出银行贷款。

利润率太低就反映出资源配置的低效率，国有企业和民营企业享有的资本要素资源并不平等，这显然不是资本要素市场化的配置结果。另外就是贷款的配置，假如国有企业和民营企业都按照银行贷款最低的4.5%利率借贷，民营企业是贷不到款的。不能歧视民营企业，要确保民营企业和国有企业公平地享有优惠利率、优惠办事程序、优惠额度等资源。

我非常赞同这两年提出的按淡马锡模式改革国有企业的观点，即以效率为导向改革国有企业，国有企业享有那么多国有资产，应提高权益资产的效率。

三是进行土地要素的改革。

农民手里的资本只有土地和劳动力，现在建设用地指标通过占补平衡、增减挂钩转移到了城市，农民拿什么创业呢？所以需要通过城乡统一的土地要素市场化配置保证农民对土地的所有权和使用权，激励农民依靠土地和劳动力自主创业。既要在城市配置土地，也要在乡村配置土地，而且要同地、同权、同价。

另外，还要进行土地资产的市场化改革，现在城市里的住宅可以进行二手房交易，是一种可变现的资产，但农村的住宅却是生产资料，不可交易、抵押，无法成为农民手中的财富。比如某人家里的子女或者老人去世了，其他人都到深圳工作了，宅基地却一直留在本地，既不能转让，也不能卖掉，交给集体也无法获得收益。所以，我认为应该确保城市和乡村进行公平的土地资产市场化改革。

六问：建立何种机制才能保证统一大市场的实施？

第一，要清理废除过去城乡分割、行政垄断等不利于统一大市场的这些法律法规文件，否则，统一大市场的规定就无法有效执行。

第二，目前中共中央、国务院发布的有关全国统一大市场的文件均为指导性文件，接下来应当发布实施性文件，在实施性文件的基础上，制定一些可执行的、明确落实和推进统一方法的规定，让要素市场化的提议落地。

第三，要为统一大市场的实施计划制定时间表，规定好试点阶段、什么时候实现计划的 50%、什么时候全部完成。同时设立评价和监督机制，敦促统一大市场的计划在各地实施和推进。评价的时候发现哪里有问题，就要发挥监督机制，监督实施。

第四，统一大市场的计划目前是顶层设计，更重要的是要有地方试点，地方要创造性地落实设计。地方要具备改革的精神，大胆地试、大胆地闯，按照中央发布文件给定的框架去实践。就像做实验，要先跑通一下，原来没有前人跑过这条路，那么在这条路上跑的时候，应该跑多快，用什么办法跑，都需要各地因地制宜地去尝试，不能照搬中央文件的内容。

第五，建设统一大市场的最核心内容是实事求是和解放思想，如前所说要大胆地试、大胆地闯，因为它是全新的，需要发挥创造性的精神去实施，要花更大的力气克服一些困难和障碍，还需要打破一些传统的观念，才能推进统一大市场计划的落实。

那么，由中央制定具体的落实文件和地方需要用创新的方法去实施这两者之间是否有矛盾呢？其实是不矛盾的。中央的实施文件是提出该做什么，但具体实施措施还是要地方根据实际情况来定。例如户籍放开，什么时间开放是国家的硬性规定，但是下沉到地方的时候放开户籍会出现一系列的问题，如孩子随流动人员一起迁移到新地后没有户口，当地政府要不要让他上学？再如针对外来人口当地能否提供廉租房？又如伴随流动人口的增长当地的限购要不要放开？

进一步来说，变动房价、放开限购等措施需要政府统一推进，但是廉租房等具体措施可以因地制宜地推进，人口流入多的地方可以多建一些廉租房，人口流出多的地方就少建一些；财政底子薄的地方可能需要少建一些，财政底子厚的地方可以多建一些。

另外有些比较困难的地方可以通过改造城中村的方式满足多出来的流动人口的住房需求，而不是在本地大拆大建。实际上城中村的房租相较于其他形式的住房对外来人口更友好。各城市可以因地制宜地规划建设。解放思想、创造性地开展工作，才能保证统一大市场的高效实施。

第二章

战略转型：解读统一大市场与"双循环"新发展格局

大变局与大转型

张 明

（中国社会科学院金融研究所副所长、国家金融与发展实验室副主任）

一、统一大市场是大变局中的战略转型

《中共中央 国务院关于加快建设全国统一大市场的意见》（以下简称《意见》）的发布，引发了有关各方关于全国统一大市场的热议。那么，应该如何全面深入系统地理解建设全国统一大市场的深远意义呢？笔者认为，全国统一大市场是构建"双循环"新发展格局不可或缺的重要支柱，意味着更深层次、更加系统的改革举措，对中国经济实现可持续、高质量发展意义重大。

中共中央、国务院在2020年提出要构建以国内大循环为主体、国内国际双循环相互促进的新发展格局。这一新发展格局提出的背景大致有二：一是从外部环境来看，全球化退潮、新冠肺炎疫情的暴发进一步加剧了全球经济的长期性停滞格局，同时以中美经贸摩擦为标志的全球经贸环境变差，外部需求对中国经济增长的拉动作用变得更弱、更难依赖；二是从内部环境来看，随着中国经济的快速增长，尤其是中国经济体量的迅速增大，再靠

净出口来拉动中国经济增长也日益变得力不从心、难以持续。

考虑到在"双循环"新发展格局提出之前，中国实施的是所谓"国际大循环"的发展战略，也即充分融入全球化，利用自身的比较优势发展外向型经济，以开放促进改革。因此在新发展格局之下，如何构建以国内大循环为主体的发展格局，并且通过内循环的构建来促进内外循环的融通发展，就变得更加重要。换言之，我们将从"以外促内"的发展格局转换至"以内促外"的发展格局。

二、构建新发展格局需三大支柱

那么，应如何构建以内循环为主体的发展格局呢？笔者认为，这一格局必须构建在以下三大支柱之上：消费扩大与消费升级、产业结构升级与技术创新、要素自由流动与国内统一大市场构建。

改革开放以来的中国经济增长素来具有投资驱动与出口导向的特征。然而随着中国经济的发展，尤其是人均收入的提高及经济体量的增大，中国经济增长的主引擎正在由第二产业与投资切换至第三产业与消费。因此，如何促进中低收入阶层的消费扩大及高收入阶层的消费升级，就变得尤其重要。从供给层面来看，这意味着要大力发展先进制造业与现代服务业，为消费者提供更高质量、更广范围的消费选择。从需求层面来看，这意味着要努力提高中低收入阶层的收入水平，因为他们的边际消费倾向很高。这恰恰是"共同富裕"的题中之义。而要实现共同富裕，就要解决好地区之间、城乡之间、居民部门内部的收入分配问题。

全球新冠肺炎疫情的暴发使得全球生产链、供应链、价值链"三链"面临冲击，全球生产链可能会变得更短和更加区域化。中美经贸摩擦的暴发和持续意味着再靠后发优势来实现技术进步愈加困难。因此，如何实现国内主导的产业结构升级与技术创新，就变得非常重要。在此背景下，供应链的"补链、强链、延链"成为新的时代主题。在全球生产链变得更加区域化与本地化的前提下，如何确保中国在亚洲及"一带一路"沿线的生产链龙头地位就变得至关重要。而要推动国内技术自主创新，就需要加强对知识产权的保护、拓展民营企业的发展空间（民营企业贡献了中国技术进步的 70%）、转变教育理念（从培养"工程师思维"到培养创新思维）。

但凡提到中国，人们都对中国有 14 亿人口及人均收入突破 1 万美元印象深刻，这自然意味着中国具备构建广阔国内市场的前提条件。但遗憾的是，迄今为止，中国国内市场存在严重分割，各类要素的跨区域流动均面临明显的约束或障碍。这既制约了国内要素的自由流动与市场化定价，也损害了要素的优化配置与福利最大化。因此，要构建以内循环为主体的发展格局，必须打破要素流动束缚与国内市场分割的格局，促进要素自由流动与国内统一大市场的构建。

不难看出，上述三大支柱是从不同层面出发来塑造国内大循环的：消费扩大与消费升级是从需求层面出发，产业结构升级与技术创新是从供给层面出发，促进要素自由流动与国内统一大市场构建是从制度与基础设施层面出发。

三、一脉相承：逐步完善的"大市场"框架

2020年4月9日，《中共中央 国务院关于构建更加完善的要素市场化配置体制机制的意见》对外发布。该意见指出，完善要素市场化配置是建设统一开放、竞争有序的市场体系的内在要求，要通过"促进要素自主有序流动"来"提高要素配置效率"。尤其重要的是，该意见提出要促进土地、劳动力、资本、技术、数据这五种要素的自由流动，并且要加快要素价格的市场化改革、健全要素的市场运行机制。尤其值得一提的是，这似乎是中央文件首次认可"数据"是一种重要的生产要素。

2022年1月6日，国务院发布了《要素市场化配置综合改革试点总体方案》，该方案是与上述意见一脉相承，并在此基础上提出了更加细致的政策举措。第一，该方案提出要在改革需求迫切、工作基础较好、发展潜力较大的城市群、都市圈或中心城市等开展要素市场化配置综合改革试点。第二，在土地要素配置方面，该方案提出了探索城乡建设用地增减挂钩节余指标跨省域调节机制、优化产业用地供应方式（完善弹性出让年期制度、实行"标准地"出让）、市场化盘活存量用地等举措。第三，在劳动力要素配置方面，该方案提出了支持试点地区在城市群或都市

圈内开展户籍准入年限同城化累计互认、居住证互通互认、试行以经常居住地登记户口制度的举措。第四，在资本要素配置方面，该方案提出了选择运行安全规范、风险管理能力较强的区域性股权市场，开展制度和业务创新试点的举措。第五，在技术要素配置方面，该方案提出了支持相关高校和科研院所探索创新职务科技成果转化管理方式、支持将职务科技成果通过许可方式授权中小微企业使用的举措。第六，在数据要素配置方面，该方案提出了完善公共数据开放共享机制、建立健全数据流通交易规则、加强数据安全保护等举措。第七，在环境要素配置方面，该方案提出了支持构建绿色要素交易机制，进一步健全碳排放权、排污权、用能权、用水权等交易机制的举措。最后，该方案提出要完善要素市场化交易平台、持续推进公共资源交易平台整合共享。

2022年4月10日，加快建设全国统一大市场的《意见》正式发布。其一，《意见》指出，建设全国统一大市场是构建新发展格局的基础支撑和内在要求。其二，《意见》明确指出，要加快建立全国统一的市场制度规则，打破地方保护和市场分割，打通制约经济循环的关键堵点，促进商品要素资源在更大范围内畅通流动，加快建设高效规范、公平竞争、充分开放的全国统一大市场，全面推动我国市场由大到强转变，为建设高标准市场体系、构建高水平社会主义市场经济体制提供坚强支撑。其三，《意见》提出了加快建设全国统一大市场的工作原则（立足内需，畅通循环；立破并举，完善制度；有效市场，有为政府；系统协同，稳妥推进）和主要目标。其四，《意见》提出了"五个统一"的具体工作方向，也即强化市场基础制度规则统一、推进市场设施高标准联通、打造统一的要素和资源市场、推进商品和服务市场高水平统一、推进市场监管公平统一。

可以发现，以上三个文件从精神上是一脉相承的，从政策上是相互配合、相互补充的。在未来相当长一段时间里，中国政府都会遵循上述三个文件指出的方向，在要素市场化配置与全国统一大市场构建方面持续发力。

四、真正实现要素的自由流动

最后，还有两个问题不得不谈。第一，导致要素流动障碍与国内市场分割的最深层次原因之一，在于地方政府政绩考核体系过于强调 GDP 增长、公共预算收入等指标。在这种考核体系之下，地方政府自然愿意把各类要素聚集在自己的属地之上，同时会限制本地要素流动至其他地区。一个典型的例子是，如果一家大企业想跨区域搬迁总部，将面临各种阻力。因此，要促进要素自由流动与构建国内统一大市场，就必须改变地方政府面临的激励机制；而要改变地方政府的激励机制，就必须改变其政绩考核体系，适当淡化 GDP 增长与公共预算收入等指标，而将要素市场化定价与跨区域流动等指标纳入其中。

第二，要素的自由流动必然会导致要素聚集。随着全国统一大市场的构建，包括土地、劳动力、资本、技术与数据在内的各种要素可能会加速流入特定区域，由此推动新一轮区域一体化的展开。笔者与魏伟、陈骁在 2021 年曾经出版了《五大增长极：双循环格局下的城市群与一体化》。这本书认为，未来 10 年至 20 年内，粤港澳大湾区、长三角、京津冀、中三角（郑州、合肥、武汉）与西三角（成都、重庆、西安）将成为中国发展最快的五大区域。在此基础上，中国将形成新的国内雁阵模式（大湾区、长三角与京津冀为雁头，中三角与西三角为雁身，其他中西部区域为雁尾），并与新的国际雁阵模式（中日韩为雁头，东盟与"一带一路"沿线相对发达国家为雁身，东盟与"一带一路"沿线相对落后国家为雁尾）一起，演变为推动中国经济未来增长的"双雁阵模式"。这一"双雁阵模式"的构建，反过来又会再度助推中国"双循环"新发展格局的完善，实现"以内促外、以外促内"的双向互动。

让企业真正"天高任鸟飞"

贾 康

（华夏新供给经济学研究院创始院长、财政部原财政科学研究所所长）

2022年4月10日，《中共中央 国务院关于加快建设全国统一大市场的意见》（以下简称《意见》）发布，内容丰富且具有十分重要的意义。该《意见》的主旨，是和中央历次发布的关于全面深化改革的权威性指导文件，特别是2020年4月9日发布的《中共中央 国务院关于构建更加完善的要素市场化配置体制机制的意见》，以及2020年4月10日习近平总书记在中央财经委员会第七次会议上的讲话指出的关于构建以国内大循环为主体、国内国际双循环相互促进的新发展格局的指导方针，一脉相承、相互呼应、紧密联系的。

学习领会好这一《意见》的精神，对于我们完善中国特色社会主义市场经济体制，面对当前错综复杂的国内外形势，在改革深水区攻坚克难而进一步解放生产力、推进高质量发展，落实新时代"两步走"战略安排，具有十分重大的意义。

如何正确把握《意见》指导思路的精神实质？这里有值得进一步厘清的认识问题。

在这个《意见》发布之后，我们可以注意到，舆论场上众说纷纭，实际上是存在不少争议的，有一些观点在理解上明显有误，也有些认识的切入点，是担心会以"统一"之名而走计划经济的老路——笔者观察这样的担心实际上是和现实中的一些问题密切联系在一起的。毋庸讳言，现实生活中由计划经济体制延续下来的一些思维定式，和近些年来仍然存在的违背发展完善市场经济客观要求的弊病和问题，印证了这种担心的必要性。

我们作为研究者，将理论密切联系实际，有必要对相关的认识误区、担心和质疑作出思想认识上的澄清。应强调，所谓"统一市场"这个表述，在过去中央权威性的改革文件中早已有之，它并不是一个新概念（中央现已把它进一步扩展到"统一大市场"的概念，和原来的概念表述一脉相承）。

如果我们中肯地、力求用基础理论对应性来支撑而又密切结合现实问题地看这个概念，以正确把握中央文件精神实质，那么至少应特别强调如下五个方面。

一、对所有合法产权一视同仁

现在我们贯彻中央文件指导精神所要建设且要加快建设的全国统一大市场，有一个非常重要的基石——在"全面依法治国"条件之下，必须在高标准法治化营商环境的构建中，形成对所有合法产权的一视同仁的保护。这才叫全国统一大市场。

"全国统一大市场"表述所针对的现实性的问题是什么？我

们不断地注意到，还有一些企业、一些社会成员，它们的产权实际上受到了侵犯，没有很好地在一些具体案例里真正贯彻全面依法治国所要求的"法律面前一律平等"这样一个非常重要的维持社会公平正义的方针；中共中央、国务院、最高法多次发文要求的纠正涉企业家产权错案冤案，在实行中也绝非易事。

在完善中国特色社会主义市场经济的过程中，我们必须在这方面真正做到面对问题去解决问题。所以，这第一条中央精神中的实质性内容，就是要在统一大市场里夯牢不可或缺的全面依法治国、追求长治久安的基石。

二、打破壁垒，实现生产要素充分流动

同样，在构建高标准法治化营商环境的进程中形成的统一大市场，要使所有的生产要素实现无壁垒流动，至少应是充分的低门槛准入。

关于统一大市场中的要素流动，在此之前，中央已经有专门的文件加以强调，这正是对应经济学基本原理中所论述的——市场要在资源配置中发挥决定性作用，就必须有要素的充分流动。

作为我国推进现代化建设主线的供给侧结构性改革，在各个要素怎样发挥潜力和作用方面，所内含的一个根本逻辑就是，如果市场环境建设想要使供给侧要素的组合充分发掘潜力、发挥活力，那么一定要攻坚克难，使要素尽可能无壁垒流动。

当然，现实生活中，经济运行并不是"完全竞争"的，有

一定的限制条件不可避免，某一些准入是有必要的，而准入必须依法由政府管理部门利用公权来实施。比如我们要做好环境保护，环保要求的技术标准就形成了一些准入的门槛；又如在金融的专门领域，从业者必须有资质认定并取得从业牌照，不执牌从业就不准入——这些当然是有必要的，但也不能借此一味地提高门槛。我国在改革开放 40 多年中，主导的倾向是努力降低准入和消除壁垒，这就体现着建设全国统一大市场的一个基本趋势，其所内含的是一定要消除不当垄断和过度垄断，首先是要消除旧体制下存在着明显弊端的行政垄断。只有消除行政垄断、消除不当垄断、降低过高准入、消除条块分割，才称得上是全国统一大市场。

这样一个制度建设，要求在当下改革的深水区推进，是有明显针对性的，是要求有关部门在配套改革这方面攻坚克难，形成有效制度供给，降低交易费用，从而使要素充分流动起来，让理论层面的生产力在现实中真正解放出来，从而在中国巨大的市场规模场景中，最为便捷地促进供给侧要素的优化组合与市场活力释放。

三、以"竞争中性"解决"所有制中性"

中央文件内含的精神实质同时也包含：在构建高标准法治化营商环境的过程中，要形成一个高水平、全面开放的国内统一大市场，来对接全球化的国际市场。国内市场跟国际市场应在"双循环"概念之下继续充分地打通。

当然，考虑到应对不确定性和力求掌握主动权，因此在新发展格局里，我们要更好地"以国内大循环为主体"。但这样绝对不意味着我们会放弃在进一步扩大开放方面发挥潜力的努力，也不属于所谓的"进退之争"。内外循环是相互促进、相得益彰的，而我们进一步发展完善中国特色社会主义市场经济，就是以"竞争中性"正面对接，即我们必须去对接全球几百年市场经济发展过程中形成的商业文明基本准则，而且我认为"竞争中性"合乎逻辑地要在中国的场景中，解决一个实际上有争议的"所有制中性"的问题，如果没有所有制中性，就谈不上真正的竞争中性。我国所有不同经济性质的国有、民营等各种类型所有制的市场主体，应该在混合经济、混合所有制这个取向之下共存、共荣、共赢，并且应该对接到形成共赢这个现代化远景的不断发展过程中。

在这个过程中，企业面对的应该是所谓的"负面清单"，而实施公权的政府面对的却是"正面清单"，这是从上海自贸区开始多轮推动中国本土自贸区复制发展中，已明确的基本准则。这样一个负面清单和正面清单，是对接着全球商业文明的积极规则成果的，是我们要义无反顾地拥抱全球化、以开放促改革来进一步落实到高标准法治化营商环境构建之中的。这样一个规范性的统一大市场，必须是与全世界统一商业文明规范对接的大市场，它可以使全球支持中国在"打造人类命运共同体"中的和平崛起，并且可以将国内外循环打通。

四、实现城乡一体化高质量发展

紧密围绕高标准法治化营商环境的构建，我们须特别注意：要做出不断的努力，以全面配套改革改造城乡分治制度安排，来弥合传统的二元经济，形成城乡一体化高质量发展的统一大市场。

在全球将近200个经济体里，如果从城乡关系的特殊性来看，整个世界只有不超过四个经济体是实行城乡分治户籍制度的经济体，而我国就在其中。因此在这个方面，一定要对中国推进现代化过程中的制度进行改造，要按照现代经济体的内在要求，推进城乡一体化的进程，消除中国城乡分治的传统格局。那么这也就要求我们，不仅要认识和面对中国的实际国情，承认它的制约，还要合理地改造中国的国情，特别是改造这种城乡分治传统体制下相因成习的局面。一定要消解这方面的制约，这样才能谈得上真正通向现代化的中华民族伟大复兴。

我国在改革开放后四十多年的发展过程中不断推进城镇化，现在常住人口城镇化率已近65%，但户籍人口的城镇化率还只有45%左右，换句话说，14亿中国人里大多数还没有取得市民身份。已经进城的约9亿人里，从农村区域生产生活场景之下转移到城市的这些人，还有他们的家属，绝大多数还被称为"农民工"。这些社会成员头上的"农民工"称呼，是带有荒唐意味的——他们已经在城市区域居住和从事生产活动十几年、二十几年，甚至三十年，他们已经和农民、农业概念没有直接的关系了，只是因为迟迟不能取得城镇户口，所以他们仍被称为"农民工"。

这样一来，在基本公共服务均等化这方面，他们就是被入另册的，不能被均等化对待的。在中国特色社会主义市场经济的升级发展、促进共同富裕的过程中，如何让所有的社会成员共享改革开放的成果，均等化对待这个问题一定要解决。而且未来几十年中，我国越来越多的社会成员流动迁徙是大势所趋，差不多还要有4亿人会从农村逐步转入城市，成为市民，应该让他们尽量便捷地取得市民的身份，享受基本公共服务均等化的待遇。这是我们建设全国统一大市场的题中之义，当然也是一个"硬骨头"。现在可以感受到，在最典型的"一线城市"，还没有任何可能性放松户籍管理，若稍微放松一点，马上会引起潮水一般的社会成员涌入这些区域，当地地方政府是完全招架不住的。

这一方面说明我们发展的不足，真实城镇化水平还不足以给出这种有效供给；另一方面又表明我们还有很大的发展空间，随着城镇化、工业化的推进，伴之以市场化、国际化、信息化和民主化、法治化，我们一定要把城乡一体化的这种中国未来的统一市场发展起来，以实现真正能够让现代文明在城乡管理概念上直接对接的新局面。实质性充分改造中国传统的城乡分治格局，这是不可回避的重要任务，也是建设统一大市场的一个非常重要的组成部分。

五、让企业放开手脚

我国需要统一规范地实现有序竞争,则应特别强调(针对市场环境而言)——这个"统一",即在市场环境中的规则和内在逻辑对所有市场成员、社会成员应该是依法一视同仁的。

在本质层面上,这体现的是对所有市场主体、社会成员的公平正义的一致性。不应简单地、纯技术性地把这个统一市场理解为就是参照、停留,或者局限于所谓质量标准的标准化。比如质量标准中最典型的就是度量衡——我们如果追溯一下,中国自秦始皇的时代就有"车同轨,书同文,行同伦"的改革。现在所说的统一,当然包括要在这方面进一步做好标准化的工作,但真正的统一市场命题的深刻之处,绝对不是停留在这个层次,而一定是在打造现代国家治理的制度机制方面,要求有明显的法治化、公平正义,以及取向上的进步。关于这种进步的表现更要强调:绝对不是以一统天下、统一指挥的方式去管理企业,如果按这个含义来认识和掌握"全国统一大市场"建设,则完全是南辕北辙的。因为有一些理解是望文生义,现实生活中又不断看到一些旧体制的弊病在起作用,所以很多市场人士确实会担心以统一大市场建设为名来搞对企业的统一指挥。

在某些方面,我们前一段时间确实也看到了中央财办领导同志所批评的"合成谬误""分解谬误"——对企业的生产经营可以粗暴地干涉,可以在听起来冠冕堂皇的"双碳"目标要求名义下直接拉闸限电等认知和行为的偏差，这些都是我们必须解决的负面问题。现在中央强调的统一大市场建设，其战略意图就是要在贯彻中央经济工作会议精神，贯彻以经济建设为中心的党的基本路线，把经济运行保持在合理区间的同时，抓好制度创新，克服相关种种弊端，带动管理创新和技术创新，让企业在高标准法治化营商环境中充分地放开手脚，形成长期行为，得以在负面清单下"海阔凭鱼跃，天高任鸟飞"，去试错、去创新，进而让生产力得到更多的解放。

由大转强：
细探全国统一大市场建设的内在逻辑

田 轩

（清华大学五道口金融学院副院长、国家金融研究院副院长）

近日，《中共中央 国务院关于加快建设全国统一大市场的意见》（以下简称《意见》）发布，对加速推进新发展格局，布局长期增长改革红利的释放提出了新的行动纲领。

一、消化粗放式发展副作用

建设全国统一大市场是构建新发展格局的内在要求和重要基础。自2010年以来，中国稳居世界第二大经济体，市场规模居于世界前列。法律体系、税务体系、商业规则等统一构成中国的单一型市场特征，在需求和生产两端都带来了相当程度的规模效应，不仅影响着全球市场格局，也摊薄了我国的生产成本，驱动着全球生产秩序的变革。但是长期以来一直存在的短板，例如制度规则标准不统一、地方发展本位主义下画地为牢、城乡二元结构导致更加严重的市场分割、要素流动受阻、市场垄断趋势显著、资本无序扩张、监管滞后等，制约着规模效应的发挥，成为现阶段影响中国经济潜力充分发挥的关键因素。

我国正处于构建新发展格局的关键阶段，需要进一步提高生产率、激发市场活力、促进产业链供应链转型升级、加大开放力度、畅通内循环、推动国内国际双循环。但是，国际关系复杂多变，新冠肺炎疫情加速了国际秩序的重构趋势，中国正面临以美国为首的外部势力的联合制约，短板问题愈加突出。这就要求国内市场持续深化改革，提供充分的制度支持、高效的市场联通机制，充分发挥资源要素价值，为我国新发展格局的持续推进提供必要的支撑。建设全国统一大市场，正是为中国构筑制度生态韧性、消化过去粗放式高速发展副作用的对症良方，通过锻造自身最大确定性，抵御外部不确定性挑战，为经济转型发展保驾护航。

二、聚焦经济循环关键堵点

《意见》明确了四项工作原则：立足内需，畅通循环；立破并举，完善制度；有效市场，有为政府；系统协同，稳妥推进。这四项原则，从现阶段我国经济发展的大局出发，系统化布局，精准聚焦制约经济循环的关键堵点，发挥体制机制优势，消除障碍，充分发挥市场功能，促进市场由"大"到"强"的转变。

畅通循环，关键在于打通堵点。建设全国统一大市场，就是从内部出发，自上而下理顺体制机制，打通制约经济循环的关键堵点，全面优化国内经济效率，促进内循环。在与国际市场标准对接的过程中，促进资本、技术、人才、数据等核心要素的跨境流动，逐步提升中国产业竞争力，培育参与国际合作新优势，形成国内国际双循环相互促进的局面。

以系统的思维谋划全局，要正确把握"统一"的内涵。站在新发展起点的统一，绝不是全国市场一碗水端平，更不是通过计划之手强行进行生产要素的重新配置。《意见》中，"统一"的具体内涵精准指向"五立一破"：立，着眼于完善制度、高效规范，在市场基础制度规则统一、市场设施高标准联通、要素和资源市场统一、商品和服务市场高水平统一、市场监管统一方面重塑制度供给生态。破，着眼于公平与开放，通过对不当市场竞争和市场干预行为进行规范，让市场在明晰的监管边界下，真正发挥资源配置的核心作用，使国内经济大循环潜力可持续释放。

具体从改革方向上来看，"立"的方面，强调五个"统一"：强化市场基础制度规则统一，通过产权保护制度、市场准入制度、公平竞争制度、社会信用制度的统一，打破区域保护主义，充分释放竞争活力，构建全国"一盘棋"的市场体制；推进市场设施高标准联通，在现代流通网络、信息交互渠道、交易平台等方面进行完善与优化，提升资源要素的流动效率，降低交易成本，促进市场融合发展；打造统一的要素和资源市场，土地和劳动力市场、资本市场、技术和数据市场、能源市场、生态环境市场等要素市场加快统一化布局，充分发挥全要素生产率，降低交易成本，并促进产业结构转型升级和市场结构优化；推进商品和服务市场高水平统一，在商品质量体系、标准和计量体系、消费服务质量提升方面做出明确规定，不断提升商品和服务质量，保障消费者权益，同时注重安全与发展并重，促进市场的国际化开放；推进市场监管公平统一，在市场监管规则、监管执法、监管能力方面进行全面优化，统一监管标准，建立监管联动机制，创新监管手段，推动有效市场与有为政府更好结合。"破"的方面，进一步规范不当市场竞争和市场干预行为，着力强化反垄断，对不正当竞争、地方保护和区域壁垒、违规招标采购等行为加大查处力度，构建公平竞争的市场环境，充分释放市场创新活力。

三、有为政府和有效市场充分发挥

从长远看，全国统一大市场将降低地方行政干预程度，补齐监管空白，自上而下促进经济新动能逐步释放。随着全国统一大市场的逐步推进，市场要素的生存发展环境将迎来快速而深刻的变革。在基础制度、市场结构的全国统一标准下，制度障碍进一步破除，市场秩序更加公平透明。监管标准的统一、多方协同监管体制的完善，将提升市场监管效能。有为政府和有效市场功能充分发挥，市场主体的创新活力将进一步增强。而有序竞争变化的多向，也最终真正实现借由市场之手的去粗取精，演进出一批能够扛得住波动、创得了奇迹的高质量市场主体。

市场是最真实的试金石，全国统一大市场将为各主体打开更广阔的空间。制度在物流、金融、能源、科技创新等领域将持续释放红利，并在此基础上形成合力，推动整体经济质的飞跃。现代流通网络的建设，物流企业的数字化转型，将进一步降低物流企业成本，极大提升物流效率，提升供应链现代化水平。资本市场在统一要素和资源市场方面起着关键性作用，尤其是推进全国统一的多层次资本市场建设，促进多市场板块的互联互通，是推动区域协调发展和产融结合的重要手段。全国统一大市场下，金融主体企业将能够开展更多跨区域金融业务，监管体制的统一与完善也为金融产品创新、业务模式创新以及风险管控提供了更好的保障。《意见》还特别强调了要发展统一的能源和生态环境市场，新能源及环保型企业将享受更多政策优惠与资金支持。紧跟国际标准，加速推进能源结构转换和生态环境保护，在推进"双循环"新发展格局形成的过程中，健康且可持续的高质量发展之路将加速前进。全国统一大市场，为新兴企业提供了最有利的市场环境，资本、人才、土地、数据等要素充分流动，区域保护与制度障碍得到破除，市场竞争更加公平有序，科技创新企业，尤其是具备一定发展潜力的中小企业将直接受惠于政策红利，逐渐发展壮大，助力我国产业结构升级，快速提升我国经济创新力。

四、回归经济发展规律的政策逻辑

"系统协同，稳妥推进"的工作原则提法延续了2021年中央经济工作会议守正纠偏、回归经济发展规律的政策逻辑，为从"大"到"强"的经济改革脉络确立了主要节奏。以稳妥的步伐聚各方合力，关键在于破除为了"稳"而稳的静态稳定观，在宏观审慎的框架下对稳的节奏进行动态管理，谋划全国统一大市场的稳妥推进。

从宏观调控的角度来看，在稳增长政策主基调不变的同时，我们需要在内外两端加大结构性调控力度。于内，构建全国统一大市场，需要与宏观调控政策框架形成紧密配合，以不破不立的态度，对基础制度、标准体系、监管机制以及市场秩序进行进一步完善。在产业政策进行重点聚焦，为宏观政策传导提供高效直达的路径，以推进制度改革和政策引导的方式，着眼制约要素畅通和市场作用发挥的重点环节打通堵点，提高全要素生产率，破除抑制内需的主要障碍，畅通内循环。于外，需要对标国际市场标准，进一步扩大对外开放，助力要素跨境流动，强化国内国际市场联动效应，通过强化要素流动机制，促进投资驱动，激发市场活力，促进产业转型升级，进而促进"双循环"新发展格局的形成。

在新时代闯关突围，起步于"大"，追寻不止于"大"。随着转轨进程中不断解放思想，通过构筑全国统一大市场，构筑中国市场由"大"转"强"的制度体系，进而摸索出一条适合中国国情的、让社会治理更具韧性的道路，中国经济一定会迎来全新的发展前景。

第三章

统一大市场:唯有行"法治"

合约密集型经济：统一大市场的本质

黄少卿

（上海交通大学安泰经济与管理学院教授、博士生导师）

肖 佳

（天津市公安局南开分局一级警长）

针对党的十九大要求建设现代化经济体系，尤其是构建更加完善的要素市场的问题，本文给出了一个新的理论视角：发展合约密集型经济。合约密集型经济要求经济活动建立在非人格化的高度专业化分工与交换基础上，由此促进专业化知识生产与创新、专用性资产投资等能够大幅提升经济效率的经济活动。本文进一步讨论了法治促进合约密集型经济发展的若干机制。应用这一分析框架，本文认为，推进长三角区域一体化战略规划，促进要素市场一体化发展，要求上海乃至整个长三角地区加快完善以法治为核心的营商环境，大力发展合约密集型经济。最后，本文提出了完善法治化营商环境下一步可采取的若干措施建议。

党的十九大报告指出，"我国经济已由高速增长阶段转向高质量发展阶段，正处在转变发展方式、优化经济结构、转换增长动力的攻关期，建设现代化经济体系是跨越关口的迫切要求和我国发展的战略目标"。

2020年4月，中共中央和国务院提出要"深化要素市场化配置改革""构建更加完善的要素市场化配置体制机制"，并就土地、劳动力、资本、技术和数据五大要素的进一步市场化改革提出了诸多具体措施。显然，这是中国建立和完善现代化经济体系的重要步骤。

何谓"现代化经济体系"？如何才能建成现代化经济体系以实现经济增长动力的转换？针对这个重要的理论和政策问题，多数学者倾向于从现代化经济体系的内涵和特征对该体系进行规范性界定。譬如，强调现代化体系的内涵就是动力体系、现代产业体系和经济体制；指出该体系具有六大特征，包括更高效益的经济水平和经济增速、更高质量的经济增长方式、更平衡的区域和城乡发展格局、更完善的市场经济体制、更全面的对外开放和更完善的现代化产业体系、空间布局结构和协调程度。

也有学者把现代化经济体系分为两个部分：一是现代化的支撑体系，包括产业体系、城乡区域发展体系、绿色发展体系；二是现代化的制度保障体系，包括市场体系、收入分配体系和全面开放体系。

这些概括从不同方面总结了对现代化经济体系的认识。但是，上述特征或组成部分之间是什么关系？尤其是制度保障体系的内核是什么？这些问题依然值得深入讨论。本文试图从现代化经济体系的一个表征——存在大量且密集的非人格化交易——出发，讨论法治在上海乃至长三角地区建立现代化经济体系中所起的核心作用，笔者将着重讨论法治促进以合约关系为基础的非人格化交易的各种具体机制，由此提出可供参考的相关政策建议。

一、合约密集型经济：一个新概念

（一）信任机制是人类从事经济交易活动的前提

在人类从事各类经济交往活动的过程中，信任为什么重要？从交易成本理论来看，如果现实世界中我们不信任交易对象，对其行为总持怀疑态度，要去核查、测度其活动的内涵与数量，时刻提防其可能采取的对己不利行为，这就必然导致交易成本居高不下，直至无法与他人发生交易的境地。最后，全社会不得不回归自然经济状况：没有交换也没有分工，当然也不可能有市场本身的存在与发展。

希克斯曾说，"甚至最简单的交易都是一种合约"，即任何交易都存在合约能否被执行的问题。按照博弈论，如果交易者事前意识到合同承诺的不可信，则从一开始交易就无从发生，自然，交易产生的双方利益也就丧失掉了。格雷夫把这样一种潜在违约困境称为"（人类）交易的基本难题"。从历史上看，在人类社会早期，交易行为多发生在家族、社区和共同生活空间中的熟人之间，因此，基于共同的文化和社会规范（即"道德"）所产生的双边或多边的声誉和惩罚机制，通常足以让交易双方自觉执行合同。因为，任何违约者都会受到熟人社会中其他成员的排斥而无法生存。所以，传统社会中人与人之间似乎并不缺乏信任，人们跟邻居、朋友大体上的交往会很好，甚至跟一个不认识的但拥有共同人际圈的人相处也会比较融洽，互相信任，不做损害对方利益的行为。但是，传统社会存在一个信任方面的严重问题，那就是当交换关系一旦越过熟人，越过人们认为值得信赖的那些人际圈之后，即面对人格意义上完全陌生的交易对象时，人和人之间的信任往往荡然无存，很容易陷入争斗之中。因为那些传统上确保熟人之间信任关系的机制，在陌生人之间失效了。著名学者福山在《信任》一书中，特别谈到中国是一个低信任度国家，而日本和美国则属于高信任度国家。这样一个判断对还是不对呢？如果仅从熟人之间的关系来看，他的判断似乎并不准确。然而，一旦放到陌生人之间的关系来考量，则中国人之间互相不信任便是一个不争的事实。人类社会从传统社会向现代社会转变，人际交往范围不断扩大，由此形成了"从身份到契约的运动"。因此，现代社会的一个典型特征就是：人们不得不离开熟人，脱离那些对自己发挥保护功能的人际圈，和越来越多的陌生人打交道。信任问题就变得严重起来，所谓的信任危机或信用危机就成为一个受到普遍关注的问题。

但是，为什么向现代社会转型的阶段，一个国家反而更容易出现信任危机？其根本原因在于，解决现代社会陌生人之间基于契约（合约）的信任问题，需要建立起不同于传统社会以道德为主要形式的一种全新机制，这就是法治。而法治的确立，在许多国家从传统社会向现代社会转型的过程中充满了困难与挑战。

（二）法治的功能与建立法治的困境

所谓法治机制，是指存在一个公正独立的第三方，它可以运用其掌握的强制力，针对所有社会个体，以事先确立的规则来确保交易各方之间达成的合约得以实施或纠纷得以解决。这样的第三方角色，通常由以国家暴力为后盾的法院体系来承担。那么，在一个以陌生人之间的交往或交换为主的现代社会中，法治作为执行陌生人之间交换合约、确保陌生人可以相互信任的机制，如何才能被确立起来呢？这里涉及"法治的需求"与"法治的供给"两个方面。就法治的需求而言，我们可以从一种经常受到批判的现象里面找到它，这种现象就是"杀熟"。"杀熟"行为似乎特别受人谴责。但是，为什么传统社会"杀熟"现象并不多，向现代社会转型过程中反而更容易出现"杀熟"现象呢？原因在于，传统社会的"杀熟"者会被熟人圈排斥而变成孤家寡人；而在交往范围扩大的过程中，只要不是所有陌生人都不可靠，"杀熟"的代价反而降低了，因为可以放弃"熟人"而选择与陌生人交易。由此，"杀熟"带来一个具有强烈负外部性的后果，即当人们意识到熟人可能也会"杀自己"（即做出对自己不利的行动）的时候，传统社会本来有效力的"多边声誉和惩罚机制"等社区机制反而就不再起作用。人们就会逐渐地产生依靠第三方机构执法来建立信任秩序的普遍性需求。

然而，仅有对法治的需求并不是建立法治的充分条件。为什么在不少处于向现代社会转型的传统国家,"杀熟"现象会持续存在?更根本的原因往往是法治的供给存在问题,即这些国家的政府作为唯一合法拥有暴力的机构,并不愿意向全社会普遍地提供公正、独立、高效的司法服务。所以,建立法治国家的难点在于政府是否具备提供法治服务的足够动机。温加斯特等人发现,发展中国家的政府官员、统治集团习惯于小圈子统治,习惯于通过关系来控制市场准入的机会和决定社会利益分配的方案,即使他们愿意在精英集团圈子内遵循法治原则来处理相互的纠纷,也不希望普通民众可以得到法律的普遍性支持和保护,即统治集团不愿意把法治作为一种普遍化的信任秩序,扩展到整个社会当中去。如何确保统治者实施法治的承诺是可信承诺,这才是法治建立的最大难题。

法治的供给难题是如何被突破的?在不少现代国家,其突破内含在政治转型过程之中,既包括立法机构对王权(君权)的限制,也包括司法权从行政权中分离出来成为独立的国家权力。在英国,不同历史渊源的法庭之间的竞争导致了司法服务提供得更加中立化和普遍化。甚至在中世纪,西欧一些城邦的君主就愿意提供中立、及时的商业纠纷裁决与调解,因为城邦的税收主要来自对商人的征税,而缺乏有效的司法服务将不利于吸引商人团体的到来,从而减少君主的税收。总之,基于政治或经济条件,以强制性或诱导性方式让政府进行普遍的法治供给,这并不总是一个容易达到的状态。

（三）合约密集型经济活动的定义

那么，法治与现代化经济体系存在什么必然联系呢？这个问题首先关系到我们如何区分传统经济体系和现代化经济体系。大体上，两者之间存在以下一些显著差别：（1）从市场的交易关系看，传统经济中发生的主要是人格化交易，人格化交易意味着人们通常在地区性市场上进行交换。亚当·斯密说市场空间决定着分工程度，显然，传统的以地区性市场为主的人格化交易是一种分工不充分的经济；而在现代化经济体系中，交易主要是发生在陌生人之间的非人格化交易，这是一种全国化甚至全球化的、高度专业化分工的经济。（2）从市场进入权的取得上看，传统经济体系中，到底谁可以参与市场的生产交换活动？这不是一个权利概念，不是每个个体天然可以进入市场，而是通过行政权力特许方式取得的一种特权，这种特权体系也叫有限准入（Limited Access）制度；而在现代化经济体系中，只要政府不明确禁止的领域，个人都可以自由进入市场从事生产与交换。这是一种基于权利的自由进入（Free Access）制度。（3）从经济发展驱动力上看，人们习惯把资源追加型发展称为粗放的传统发展模式，譬如马尔萨斯所描述的以土地投入为主的农业生产方式，而把创新驱动型发展看成现代经济发展模式。创新驱动的内核是更加常态化的技术创新，以及作为技术创新基础的科学研究的常态化。而创新的过程，同样是一个充满不确定性的分工合作过程，涉及大量无形的科学技术知识等高级生产要素的交换，容易产生知识产权侵权和合约纠纷，需要基于合作各方充分的信任。

从上文三个方面分析可见：有限分工对应着深度分工，市场的有限准入对应着市场的自由进入，资源追加型增长对应着科学技术创新常态化的集约增长。而从现代化经济体系这一端来考察，其每一个方面都要求密集且持续的非人格化合约关系。因此，我们不妨把现代经济称为合约密集型经济。所谓合约密集型经济，就是基于陌生人之间高度专业化分工，以及依靠密集的签约与履约活动才能完成全部生产过程的现代经济。由于有效履行陌生人之间的合约需要依靠法治机制，因此合约密集型经济必须建立在法治基础上。没有法治就无法构建合约密集型经济，以此为基础的现代经济也就无法建立起来。

二、合约密集型经济需法治为基

（一）合约密集型经济的特征

要理解法治对现代化经济体系中合约密集型经济活动的影响，我们首先要理解合约密集型经济的特征。本文把这些特征归纳为四个方面，其中前三个方面是活动的过程特征，最后一个方面是活动的结果特征。

第一，合约密集型经济活动往往表现为深度化的分工与交易关系。这种深度化分工不是停留在你种地来我打铁，然后相互交换一下的产业间分工层面，而是在整个经济活动的各个环节都要展开分工——一种高度细密化的分工。由此，一个完整的产品生产过程涉及非常多的经济主体，他们要发生非常频繁且密集的交换关系，才能完成产品的整个生产。而且，为了充分利用各自的比较优势，纳入分工体系的经济主体在空间分布上通常会非常分散，必然超出传统熟人圈，需要频繁依靠复杂的合约履行机制来完成这些交换。因此，合约密集型经济往往要将很大比例的经济活动增加值分配给从事合约履行的服务环节。譬如，按照诺斯等人的估计，交易成本占全美国 GDP 的 45% 左右。

第二，合约密集型经济活动往往具有跨地区、跨时期和跨专业特征。这种通常不是在熟人而是在陌生人之间展开的分工和交易，其过程必然要跨地区和跨时期。交易一方给对方承诺交换的商品或服务并不是即时交付，而是需要一段时间才能兑现，对方的承诺同样如此。因此，前面所讲的"格雷夫两难"必然存在于这种交易中。这种交易还涉及大量知识的交换，随着现代知识生产分工的细化，这种交换会涉及各种不同学科、不同专业知识。换言之，在对方的知识领域，每个交易者都可能是"门外汉"、非专业人士，从而强化了信息不对称，提高了双方发生道德风险行为的概率，也增加了双方借助法治来规范交换关系的需求。

第三，合约密集型经济活动交换的产品与服务大部分是非标准化的，非标准化又涉及专用性投资问题。非标准化意味着交换双方很难通过第三方去评判对方，信息不对称、专业知识不对称导致的合约执行问题会更严重。尤其是非标准化意味着一方要为对方进行专用性资产投资，缺乏这种投资，发挥不出专业知识分工的优势，交换活动的价值增值会非常有限。但一旦涉及专用性资产投资，按照威廉姆森的观点，交换活动如果不进行纵向一体化，就会导致交易成本大幅提高，但纵向一体化又要以丧失分工效率为代价。显然，这种存在专用性资产投资的合约的履行，没有法治这种第三方机制来有效地降低交易成本就很难落实。

第四，从结果上看，合约密集型经济活动具有高附加值、高效率特征。这种结果意义上的高附加值和高效率特征，是与前面三个过程特征密切相关的。因为劳动分工与交换、专业化知识生产与创新、专用性资产投资等，都是提升经济活动增加值并最终提高经济效率的重要机制和手段。一个经济体如果能够产生大量合约密集型经济活动，它必然是一个高效率的、可持续发展的经济体。

（二）法治为何如此重要

为什么建立法治对于发展以合约密集型经济活动为主要形式的现代化经济体系至关重要？原因在于，前述分工与交换、专业化知识生产和专用性投资等活动，都离不开法治这一确保非人格化交易活动得以顺利实现的机制。换言之，如果说劳动密集型经济的比较优势需要建立在丰裕的劳动力资源基础之上，那么，合约密集型经济的比较优势则需要建立在充分的、高效的法治资源基础之上。本文将基于三项经验研究给出进一步的经验证据。

现代经济的分工越细致，一个完整价值链上所有生产活动涉及越多经济主体的参与，就需要越多的合约来规范他们在分工中的权利和责任，因此，一个有效率的司法体系对于实现这样的分工就更有利。在以非人格化交易为主的现代经济活动中，作为正式合同实施机制的司法体系的质量是否会影响企业间的分工活动？笔者曾利用中国地级市律师事务所数量作为"地区司法质量"的代理变量，并且根据《中国法律年鉴》中1991年中国高等学校法律院系、法律专业设置信息，构造了外生的地区法律教育资源指数，作为反映地区司法质量的工具变量。经验分析结果表明，在控制了市场规模、产业结构、外贸等影响分工的因素后，地区司法质量每提升10%，该地区的企业间分工程度就提高3.36%。并且，在能够更好地参与全球市场的沿海省份城市，司法质量提升对分工的促进效应更大。这说明法治对于改善企业间分工，促进合约密集型经济的发展具有重要作用。

现代经济活动中往往包含大量服务交换。这些服务市场交换的通常是资本、技术、数据、高附加值劳务等重要的生产要素。为了提升生产效率，降低交易成本，人们往往需要发展包括运输、研发、培训、审计、法务、金融、销售等在内的各类生产性服务业。这些服务存在于各个生产环节之中，人们对服务品质好坏的判断，取决于交易双方对交易成本与实际服务效果的事先预期。服务的产出与实体产品最大的不同在于，服务品质是无形的且非同质化的，很难有一个对服务品质好坏的事先公认标准；而且，事后要对服务的品质进行评价，同样存在交易双方的认知差异及第三方验证上的困难。此外，服务业的投入和产出往往包括大量无形的知识产品，包括技术、创意和理念，它们无须空间位置的转移就可以被他人窃取。因此，知识产权保护和合约履行等法治环境对服务业发展显得格外重要。

为了检验地区法治环境对服务业发展的重要性，笔者利用地级市律师事务所的数据和法院裁判文书信息，进行了一项经验分析，研究发现，在控制了城市化率、人力资本水平和政府规模等因素之后，地区司法质量每提升10%，该地区的服务业产值占比将提高5.62%，就业占比将提高3.46%。尤其是在属于生产性服务业的金融业领域存在更加显著的结果：地区司法质量每提升10%，该地区金融业产值占比将提高16.35%。这说明，无论是对于整个服务业的发展，还是对于在提高生产率方面有更重要作用的生产性服务业的发展，提升法治水平都能产生显著的促进作用。

法治发挥的另一重要作用是促进创新，关于这个议题已经有不少经验分析。笔者的一项研究在引入地区司法质量的控制变量后发现，2008年全球金融危机后，并非所有设立行政审批中心的改革都能够提升一个地区的企业创新绩效，只有在高司法质量地区才出现了企业创新绩效得到提升的证据。具体而言，高司法质量地区行政审批改革后，企业的专利申请数量增长了35.3%。换言之，只有受法治约束更强的地方政府才能真正转变审批职能。研究还发现，作为控制变量的地区司法质量与企业创新绩效之间存在直接而显著的正相关关系，即相较于低司法质量地区，高司法质量地区的企业创新绩效始终更高。法治本身不仅协调陌生人之间的分工和交易关系，还起着约束和限制政府行政权力的作用，从而有利于市场机制将生产要素配置到最能提升创新绩效的地方。总之，一个依法行政的地方政府将更能提升该地区企业的创新活力。而创新活动的常态化，才能推动依靠技术进步和效率维持的可持续经济发展。

三、长三角区域一体化需要发展合约密集型经济

按照2019年公布的《长江三角洲区域一体化发展规划纲要》，长三角区域一体化发展的战略定位既有"全国发展强劲活跃增长极"，即要"加强创新策源能力建设，构建现代化经济体系……提升参与全球资源配置和竞争能力"；也有"全国高质量发展样板区"，即要"提升科技创新和产业融合发展能力……率先实现质量变革、效率变革、动力变革"；还有"区域一体化发展示范区"，即要"形成一体化发展市场体系……推动区域一体化发展从项目协同走向区域一体化制度创新"。应该说，这些战略定位各有侧重，又构成一个有机整体。长三角地区作为中国经济发展的前沿地区，现阶段如果没有科技创新力量来实现高质量发展，就很难继续成为强劲的活跃增长极。要实现高质量发展，就不能再维持各个省及各个城市各自为政、区域分割的发展状态，而要打破经济分割，强调基于自身比较优势，在分工合作的基础上进一步提升区域整体经济效率。

在此前的《上海市城市总体规划（2017—2035年）》中，上海被定性为国家历史文化名城，国际经济、金融、贸易、航

运、科技创新中心。其发展目标是努力建成"卓越的全球城市，令人向往的创新之城、人文之城、生态之城，具有世界影响力的社会主义现代化国际大都市"。这些功能定位可以概括为三方面：一是以传统四大中心为核心的全球服务中心；二是科创中心；三是文化名城。前述《长江三角洲区域一体化发展规划纲要》也明确提出"着力提升上海大都市综合经济实力、金融资源配置功能、贸易枢纽功能、航运高端服务功能和科技创新策源能力……为长三角高质量发展和参与国际竞争提供服务"等城市定性和功能定位。

这意味着，上海要建成面向全球配置生产要素和提供服务的国际大都市。对上海而言，无论是在长三角区域一体化过程中发挥引领作用，还是成为全球服务中心和科创文化中心，至关重要的一点就是能否发展合约密集型经济。总体来看，上海未来要重点发展四类合约密集型经济，包括高端服务业（金融＋贸易＋航运）、先进制造业（人工智能制造）、知识生产业（科学与技术的研发）和文化创意业（想象力＋数据技术）。就产业分类而言，这四个方面大部分属于服务业范畴，或者需要依托于生产性服务业。

发展合约密集型经济，上海要和长三角其他省份和城市，乃至和全球经济融为一体。在此过程中，在整个长三角乃至全球生产链上，上海要成为高品质生产要素和服务的提供中心，其服务功能要向周边以制造业为主的城市辐射，从而以服务能力带动整个长三角地区竞争力上台阶。而以制造业为主的外围城市要实现产业内规模经济，提高经济效率，就需要基于专业化分工，通过聚焦特定产业发挥自身的比较优势和专业优势。总之，长三角区域一体化的成功，根本上取决于该地区的各个城市能否打破基于行政边界的经济分割，实现不同城市间的专业化分工和产业协作，并在此基础上展开非人格化交易，通过市场交易和协调机制促进商品、资本、技术、人才、数据的流动与交互，最终以合约密集型经济为载体走向经济一体化。显然，用合约密集型经济分析框架对长三角一体化的分析同样适用于中国其他地区的经济发展和经济增长转型分析。

四、完善法治化营商环境的若干政策建议

合约密集型经济的发展依赖于以法治资源为内核要件的良好营商环境。按照世界银行的《营商环境报告》(*Doing Business*)的界定，对一个经济体营商环境的评估包括开办企业、登记财产、执行合同、办理破产等12项指标。这些指标都与经济体的法治水平具有密不可分的关系。2019年年初，习近平总书记提出"法治是最好的营商环境"，无疑抓准了改善营商环境的关键，即要建立并不断完善本国的法治环境。

改善中国尤其是长三角地区的法治环境是一项综合性工程，需要包括立法、行政和司法部门在内的各个政府部门的实际行动，同样也需要社会各界人士的努力。本文认为，未来的行动和努力大体应包括以下方面。

第一，完善立法，形成与社会主义市场经济相适应的法律体系。目前，在知识产权保护、反垄断监管和竞争政策、劳动合同关系、金融调控与安全、社会诚信、经贸流通与电子商务、企业破产等方面，各级立法部门亟须根据实践加快和完善立法，构建完整的法律规范体系。尤其是《反垄断法》的修订工作已经提上全国人大的立法日程，应针对数字经济的反垄断监管做出新的法律规定。同时，应尽快完成《企业破产法》的修订工作，力争订立一部统一的破产法。此外，应在破产司法程序中纳入简易程序，以适应创业经济中大量小微企业的市场退出需要。

第二，推进司法体制改革和法院建设，构筑法治体系的"基础设施"。这方面的重点任务在最高人民法院公布的第五个五年改革纲要中有详细阐述。从发展合约密集型经济的角度看，核心就是要提高法院在审判中的独立性、专业性和高效性。就独立性而言，重点要健全以司法责任为核心的审判权力运行体系，防止非法律因素对审判过程的干预，包括完善审判监督管理机制、完善统一法律适用机制和加强审判流程标准化建设，也包括深化最高人民法院巡回法庭制度改革和深化与行政区划适当分离的司法管辖制度改革，等等。就专业性而言，重点要加快推进和规范专门法院的建设，除了要发挥好已有的知识产权法院、金融法院和海事法院的作用外，应进一步考虑开设贸易法院、财税法院、劳动和社会保障法院、互联网（数据）法院等专门法院，来处理与生产要素交易相关的各类专业性纠纷判决。此外，要加强专业化审判机制建设，推进资源环境审判机制改革和加强金融、清算与破产审判机制建设。就高效性而言，重点要在诉讼制度改革和建立智慧法院应用体系方面着手，完善案件繁简分流机制，扩大小额诉讼程序适用范围，完善简易程序与普通程序转换适用机制，推动建立跨部门大数据办案平台，提升电子诉讼的覆盖范围以逐步实现在线立案，以及深化多样化纠纷解决机制改革和司法执行机制改革，等等。

第三，改进和强化法律职业教育和法律专业人才的培养。自1995年中国开始大力发展法律职业教育以来，全国接受过法律专业教育的人才不断增多，通过司法考试获得从事法律职业资格的专业人士也与日俱增。正如著名法学家庞德所言，（实现法治）真正重要的不是法律文本而是行动的法律，即法律发挥作用依靠的是人对它的执行。这与中国先哲孟子所强调的"徒法不能以自行"有着异曲同工之妙。法律的执行需要依靠法律专业从业者，即包括法官和律师在内的法律人共同体。因此，随着经济社会的进一步发展，为了更好地执行法律、解决纠纷，未来需要更多既熟悉法律，又熟悉知识产权、金融、贸易、财税、电子商务、人工智能等各类专业知识的复合型法律人才。这也对全国各高校的法律教育提出了更高的要求，未来各高校法学院应该推出更多的复合型跨学科培养项目。

第四，完善国家治理体系，建设法治政府。第一步，政府的依法决策、依法行政及其结果要可问责。譬如，人工智能兴起后，人工智能创作和作品利用会产生独创性、权利归属和合理使用判断的新问题，从而给传统《著作权法》的相关规定带来新挑战。要求建立一系列通过法律约束政府的制度。

第二步，应进一步深化各级政府的行政审批制度改革，严格按照国家行政许可法要求，对既有或拟设立的行政许可事项进行合法性审查，对于没有立法依据的事项要坚决清理取消；应尽快建立国家公平竞争审查制度，确保实施全国统一的市场准入负面清单制度，消除歧视性、隐蔽性的区域市场准入限制，包括地方政府出台的各类产业政策，也需要接受公平竞争审查。由此，力争消除区域市场壁垒，打破行政性垄断，清理和废除妨碍统一市场和公平竞争的各种规定和做法，从而促进生产要素的跨区域自由流动和企业间的公平竞争。在互联网技术不断升级的大背景下，电子政务和数字政府的发展也为实现法治政府的目标提供了新的机遇和新的技术手段。

第五，推动全社会树立法治观念和法治信念。法律不在于写在纸上，也不在于刻在石柱上，而是要刻在每个公民的心里，成为我们参与社会博弈的信念，因为只有社会个体自愿遵照实施的法律才能真正成为法律。否则，写在纸上而不去实施的法律，就只能停留在字面意义上，而无法成为真正约束我们行为的正式社会规范，则依托法治来发展合约密集型经济，形成现代化经济体系的努力也就会成为无源之水而难以维持。

本文试图提出一个新的理论框架，来理解建立现代化经济体系和推进长三角区域经济一体化所需解决的核心问题——如何发展合约密集型经济。本文把合约密集型经济定义为：基于陌生人之间高度的专业化分工，以及依靠密集的签约与履约活动才能完成全部生产过程的现代经济,其经济活动具有深度分工、跨地区跨时期跨专业、非标准化和高生产效率等四个主要特征。而发展合约密集型经济的关键,是要建立独立、公正、高效的法院合约履行机制。本文从理论与历史经验的角度讨论了法治供给的难题及其克服方案。在此基础上,基于三项经验研究的结果,本文提炼了法治促进合约密集型经济发展的三种机制,即更高的法治水平可以深化企业间专业化分工、促进生产性服务业发展,以及推进企业的创新投入与研发绩效,从而为提高法治水平可以促进合约密集型经济发展的理论框架提供了坚实的经验基础。本文论证了长三角一体化的本质就是要依靠法治打破经济分割,实现专业化分工交换和要素流动,形成高效一体的合约密集型经济。为此,本文建议,包括上海在内的长三角地区乃至全国要进一步完善法治化营商环境,具体措施则包括:完善立法,形成与社会主义市场经济相适应的法律体系;推进司法体制改革和法院建设,完善法治体系的"基础设施";改进和强化法律职业教育和法律专业人才的培养;完善国家治理体系,建设法治政府;"推动全社会树立法治观念和法治信念";等等。

当前,中国经济正面临着经济发展模式转型的重任,内部和外部环境的变化——尤其是2020年全球新冠肺炎大流行所导致的国际政治经济关系调整——都给这一转型带来了更大挑战。为了加快实现中国经济转向高质量发展模式,中国政府提出并实施长三角一体化发展战略,要求构建更加完善的要素市场化配置体制机制,落实这些全局性的发展和改革举措意义非凡。

本文的分析表明，进一步完善中国法治环境，建设法治化国家治理体系是实现中国经济发展转型的基础性工作。唯有如此，中国才能形成合约密集型经济，从而深化分工、促进创新和提高经济效率，并最终建立现代化经济体系。

建立全国统一大市场的四个重点法律问题

杨兆全

（北京威诺律师事务所主任、合伙人，
北京市人大常委会立法咨询委员会特聘委员）

为突破经济发展"瓶颈"，构建全国统一大市场势在必行。法治作为此次改革的设计师、引领者，只有统一立法，统一执法、司法环节的法律适用，才能更好地为改革保驾护航。

全国统一大市场并非由《中共中央 国务院关于加快建设全国统一大市场的意见》（以下简称《意见》）首次提出。早在1992年党的十四大报告就已提出这一概念，后在十五大报告、十六届三中全会、十七大、十八届三中全会、十九大报告中都有提及。但长期以来，由于我国经济发展水平的限制，建立全国统一大市场的条件并不完全具备。

随着经济的不断发展，我国现已跃居世界第二大经济体，产能不断扩大，要素价格不断上升，但国外紧张的政治环境和愈演愈烈的贸易战，使我国产能难以投放国外市场，国内经济内卷严重，资本运营效率低下。为此，国家提出要着重发展经济内循环，内外循环相互促进，以释放巨大的市场潜能，使我国经济发展迈上新台阶。建立全国统一大市场，时机已然成熟。但旧有的经济政治体制和行业潜规则严重阻碍了全国统一大市场的建立，如何破除？如何建立？在这一破一立之间，需国家花大力气多管齐下，其中，法治是建立全国统一大市场道路上披荆斩棘的有力武器，也是改革成功的关键保障。

《意见》指出，在加快建设全国统一大市场的过程中，要重点完善四个方面的统一制度和规则，即产权保护、市场准入、公平竞争、社会信用。短短十六个字，概括了此次改革中法治工作的目标与重点，言简意深。依法治理、依规则治理，是一项复杂的系统性工作，涉及制度与经济运行的方方面面，牵一发而动全身，难以尽述，本文将探讨以下几点法律问题，是重点，也是难点。

一、如何以立法和司法统一助力市场统一

"规则先行""没有规矩，不成方圆"，与全国统一大市场适配的、统一的规则是基石。纵观世界大国，每个国家都以法律为突破口建立了全国统一大市场。以美国为例，1787年宪法是奠定全国统一大市场的基石，该宪法规定，由国会处理州际贸易问题，禁止各州制定关税，"所有间接税、进口税与货物税应全国统一""对于任何一州输出的货物，不得征收税金或关税"。

在我国，要以法治引领改革，首先要做到立法的统一。

法律应以上位法形式规定全国统一大市场的运行原则，并落实到各部门法、行政规章、地方法规等各规则层面，做到上下统一，全国各地一致。这种统一，并不是抽象的统一，而是具体到改革事项的统一。如全国土地的统一涉及《土地法》等法律及相关条例；劳动力市场的统一涉及户籍、住房、医疗等社会保障的法律规定；资本市场的统一涉及股票、基金等市场的规则完善；技术和数据市场的统一涉及物权、知识产权、信息安全共享等新规的建立和完善……近年来，我国正在稳步推进相关立法，2020年通过的《中华人民共和国民法典》，为打造公平、有序、平等、自由的市场经济环境提供了保障，《网络安全法》《电子商务法》《数据安全法》等数字经济立法已初具雏形，《电子签名法》《反不正当竞争法》《证券法》等一系列商事法律得到修订，《优化营商环境条例》《市场主体登记管理条例》等优化营商环境法规开始实施，《反垄断法》《公司法》《海商法》等也在紧锣密鼓地修订中。在立法过程中，也应及时清理掉不合理、与上位法相冲突或阻碍全国统一大市场发展的条文。

应该注意的是，全国统一大市场意味着中央政府将加强"看得见的手"来指挥市场经济，那么，在这个过程中，每个行政行为的背后是否都有法律依据作为支撑？这一点很重要。权力只有被关进制度的笼子里，才能保证其运行的合理性和合法性。这就要求政府加强行政立法与立法监督，统一办事细则，保证政府的干预行为和干预程序的合法性、一致性。

同时，统一市场也要求法律适用的统一。法律适用的统一，主要指司法机关依法办事，按同一标准办事，相同案件有相同的处理方式，以此提高司法公信力，打造公平正义的营商环境。法律适用的不统一，有技术层面的原因，如法条未做具体规定、解释不到位、同类案件的适用标准不统一、法官水平参差不齐等，这种情况需司法系统做工作来统一适用标准。同时，当事人还可以利用上诉、申请再审等司法程序来维护案件的公平一致性。对司法不统一影响更大的，是外部环境因素，如地方政府的干预，对地方企业的保护，隐秘的裙带关系、利益输送等。

近年来，各地通报了多起干预司法、插手案件的典型案件。例如，2005年6月至2020年4月，山东省济南市中级人民法院执行三庭原副庭长戴伍建，利用职务上的便利，通过干预、过问案件等方式为他人谋取利益并收受现金、购物卡等财物。再如，2019年10月，时任保山市中级人民法院院长吴邦胜接受当事人请托，在勐腊县人民法院办理一偷越国（边）境案件中，向案件承办人说情、打招呼；另查明，吴邦胜在任西双版纳州中级人民法院副院长期间，接受案件当事人亲友请托，在一起涉黑案件审判中，违背事实与法律，授意案件承办人不予认定一审法院认定的黑社会性质组织犯罪，并在审委会讨论时发表引导性意见，最终导致二审法院否定该案系黑社会性质组织犯罪，使得涉案人员获得轻判。

这些人为干预因素，才是真正破坏司法公信力的毒瘤，只有将其拔除，才能更好地助力经济主体的有序发展，破除贸易壁垒。为此，2015年，中共中央办公厅、国务院办公厅、中央政法委及最高人民法院、最高人民检察院、公安部、国家安全部、司法部"五部委"先后出台了"三个规定",极大地震慑了想要干预司法的人。除此以外,国家应进一步提高司法人员选拔标准,定期考核、学习,畅通监督、举报路径,严厉追责,让司法环境变得"天朗气清"。

法律适用的统一也对各区域适用法律的统一提出要求。由于各地法治发展水平不同,有的地区已形成较好的法治生态环境,有的地方发展则停滞不前。跨区域办案也存在协调难、取证难、监管难、执行难等问题。为此,区域法治的概念被提了出来,即让发达法治地区带动欠发达法治地区,形成协同发展的格局,建立跨区域案件的协调机制。目前,长江经济带发展、雄安新区建设、粤港澳大湾区建设、海南自由贸易试验区和自由贸易港建设等探索特色区域法治建设已经开始,各地联动的区域法治也都在如火如荼地推进。

二、如何破除地方保护

近期,地方保护最典型的领域要属新能源汽车了。以比亚迪新能源汽车为例,比亚迪的插电混动在世界都居领先地位,按理说,在国家大力发展新能源汽车的背景下,比亚迪应该能占领国内大部分市场。但事实是,除了工厂所在地深圳、长沙、西安之外,比亚迪要想在其他城市或地区销售新能源汽车,却是举步维艰,只能通过兼并或与地方车企合作的模式"曲线推进"。多年来，比亚迪几经周折想要进入广州市场，却无功而返。就算广州和深圳同属广东，相邻不过100多公里，中间却隔着一道难以翻越的高墙。

在过去的政策制度下，地方保护有利于本地企业生存，提升本地的就业、财政收入、GDP、官员政绩等。但到了今天，地方保护主义弊端凸显，严重阻碍了经济内循环，排斥竞争，保护落后，不利于资源合理配置，加剧了重复建设，导致资本流动无序，经济内卷严重，有实力的企业难以拓展市场，做大做强。

地方保护的表现形式包括：

1. 限定本地单位或个人只能经营、购买、使用本地产品或者只能接受本地企业、其他经济组织或个人提供的服务；

2. 通过增加额外收费、增加限制性条件、设置关卡、阻碍产品流通等贸易壁垒，限制外地商品或服务进入本地市场；

3. 政府部门扶持国有性质的企业进行行业垄断，限制其他企业的公平竞争；

4. 对本地企业提供大量税收补贴、土地等资源进行大力扶持，变相排斥了外地企业的进入；

5. 直接插手行政执法和司法工作，滥用职权、徇私枉法，对本地企业侵害外地企业的案件视而不见，包庇袒护。

要破除国内的地方保护，法律起着举足轻重的作用。

在美国南北战争后，因铁路交通的快速发展，美国各个州之间的商品、要素流动加强，贸易摩擦加剧，各州纷纷出台政策以保护本地企业生产者，排斥外地贸易者。为打破贸易壁垒，美国对相关法律进行了调整。司法实践中的一个经典案例为吉本斯诉奥格登案。

19世纪初，纽约州议会将在本州水域从事航运的垄断权授予少数几个人，这些人也试图垄断纽约州与别州相邻水域的航运权。奥格登从纽约州获得了从事航运的执照，从事纽约至新泽西之间水域上的轮渡航运。而吉本斯从联邦政府那里获得许可证，以蒸汽船在纽约至新泽西的水域上从事航运，从而成为奥格登的竞争对手。奥格登向法院提起诉讼。纽约州法院以吉本斯没有获得纽约州的航运执照为由，发出禁令，禁止吉本斯在该水域上继续从事航运。吉本斯是南方的种植园主，曾参加国会议员的竞选，奥格登担任过新泽西州州长和国会参议员，两人都有一定的政治背景和经济实力。吉本斯最后向联邦最高法院提出上诉。最高法院在判决中认为，根据美国宪法，联邦政府有管理州际商业之权，"商业"一词应广义理解，包括所有的营业和交易，当然也包括从事航运贸易，因而吉本斯有权根据联邦政府的许可证从事该水域的航运；同时宣布纽约州试图垄断相邻水域航运权的法律违宪无效。

法律是遏制地方保护的强有力手段。目前我国《反垄断法》中有相关规定，如：

第三十九条：行政机关和法律、法规授权的具有管理公共事务职能的组织不得滥用行政权力，限定或者变相限定单位或者个人经营、购买、使用其指定的经营者提供的商品。

第四十一条：行政机关和法律、法规授权的具有管理公共事务职能的组织不得滥用行政权力，实施下列行为，妨碍商品在地区之间的自由流通：

（一）对外地商品设定歧视性收费项目、实行歧视性收费标准，或者规定歧视性价格；

（二）对外地商品规定与本地同类商品不同的技术要求、检验标准，或者对外地商品采取重复检验、重复认证等歧视性技术措施，限制外地商品进入本地市场；

（三）采取专门针对外地商品的行政许可，限制外地商品进入本地市场；

（四）设置关卡或者采取其他手段，阻碍外地商品进入或者本地商品运出；

（五）妨碍商品在地区之间自由流通的其他行为。

第四十二条：行政机关和法律、法规授权的具有管理公共事务职能的组织不得滥用行政权力，以设定歧视性资质要求、评审标准或者不依法发布信息等方式，排斥或者限制外地经营者参加本地的招标投标活动。

法律规定虽然较为明确，但这些年来却较难发挥作用，这里面有制度设计的问题，也有监管不严、执法不力的问题。《反垄断法》第六十一条规定："行政机关和法律、法规授权的具有管理公共事务职能的组织滥用行政权力，实施排除、限制竞争行为的，由上级机关责令改正；对直接负责的主管人员和其他直接责任人员依法给予处分。反垄断执法机构可以向有关上级机关提出依法处理的建议。""法律、行政法规对行政机关和法律、法规授权的具有管理公共事务职能的组织滥用行政权力实施排除、限制竞争行为的处理另有规定的，依照其规定。"这些关于地方保护行为法律责任的规定，不仅力度弱，还赋予其"依照另有规定处理"的空间。

由此，破除地方保护，我们应从以下方面入手。

1. 完善反对地方保护的立法。修改现有法律，清理、废除各地区、各部门制定的带有地方保护、行业垄断色彩且与国家法律、法规相抵触的地方性、行政性法规与规章。

2. 建立相对独立的司法制度。建立与完善不受地方政府随意干涉的相对独立的司法制度和行政执法管理体制，同时，加大对干预司法行为的惩处力度。

3. 由"两高"带头，多部门联动推动该类判决在全国的适用，并保证判决结果的执行到位。

4. 加强法治宣传力度。地方各级政府领导要认真学习法律知识，树立强烈的法律意识，做到依法行政。要提高企业及全社会的法制观念，使其做到守法、护法，营造抵制地方保护主义的良好法律氛围。

5. 完善各级监督机制。发挥司法、行政、舆论监督作用，畅通举报渠道。

三、如何完善统一的产权保护制度

《意见》提出，完善统一的产权保护制度。完善依法平等保护各种所有制经济产权的制度体系。健全统一规范的涉产权纠纷案件执法司法体系，强化执法、司法部门协同，进一步规范执法领域涉产权强制措施规则和程序，进一步明确和统一行政执法、司法裁判标准，健全行政执法与刑事司法双向衔接机制，依法保护企业产权及企业家人身财产安全。推动知识产权诉讼制度创新，完善知识产权法院跨区域管辖制度，畅通知识产权诉讼与仲裁、调解的对接机制。

首先我们要了解什么是产权。翻译成法律语言，产权指的是财产的所有权、占有权、支配权、使用权、收益权和处置权。从财产的性质看，产权包括物权、债权、股权、知识产权等各种有形和无形财产权。统一产权保护，不仅指公民的私有产权，也包括国家公有产权、集体经济产权；既包括有形财产产权，也包括无形财产产权。

为什么统一市场经济强调保护产权？从世界历史经验看，产权是经济腾飞的助推剂。秘鲁经济学家德·索托成为秘鲁总统顾问后，帮政府快速确立产权并大规模减少管制。其效果是，过去二十年间，秘鲁国内生产总值增长速度两倍于拉丁美洲其他国家平均水平。随着经济繁荣，威胁着整个国家的反政府游击队组织"光辉道路"逐渐瓦解。

我国近代的发展历程也很好地诠释了产权保护的重要意义。在计划经济时代，生产资料公有制，大家吃大锅饭，进行集体劳作。慢慢地，集体经济的弊端显现，大家失去了劳动的积极性。改革开放后，土地实行家庭联产承包责任制，人们拥有土地的占有权、使用权和收益权，生产的积极性提高了，经济活力大大增强。

"有恒产者有恒心"，一直以来，我国致力于产权保护，经济潜力不断被挖掘和释放。1982年，宪法明确规定了对个人财产的保护；2004年，宪法修正案提出，公民的合法的私有财产不受侵犯；2007年，全国人大通过《中华人民共和国物权法》；2016年，《中共中央 国务院关于完善产权保护制度依法保护产权的意见》出台……

我国产权保护制度虽有长足发展，但依然有不足之处：国有产权由于所有者和代理人关系不清，存在内部人控制、关联交易、政企不分的乱象；公权力侵害私有产权、违法查封扣押冻结民营企业财产现象时有发生；知识产权保护力度不足，侵权频发，维权成本高；新兴财产权利尚无明确法律规定，法律适用具有不确定性。自新冠肺炎疫情暴发以来，我国经济下行压力大，大量企业倒闭，大量商品房因业主无法还贷面临着被拍卖，企业家投资意愿低迷，企业发展进入静默期。更重要的是，国家迎来了建立统一市场的大变革，各行各业面临重新洗牌，这种情况下，更需要统一、完善的产权制度来保障人民的财产安全，增强民众信心。

针对产权保护，《意见》也指出了接下来产权保护的发力方向。

第一，依法、平等保护。无论是公有制经济产权还是非公有制经济产权，都神圣不可侵犯，都平等受法律保护。但实际情况是，公有制经济产权往往高于私有产权，公有制产权因背靠政府，有的政府甚至直接干预其经营，这势必会让产权平等保护沦为空谈。曾有人总结，民营企业面临着"三山""三门""三荒"等问题，即市场的冰山、融资的高山、转型的火山；市场准入门槛高如卷帘门、玻璃门、旋转门；企业面临用工荒、用钱荒、用地荒。还有"两高一低"，即成本高、税费高、利润低。大部分民营企业只能分到国企剩下的"残羹剩饭"，为谋求自身发展，不得不与国企合作。我国现行《刑法》对公私产权也是轻重有别，国家工作人员或国有企业人员侵占国家财产，罪名为"贪污罪"，而民营企业人员侵占民企财产，罪名为"职务侵占罪"。贪污国家财物的，3万元就构成"数额较大"，20万元则构成"数额巨大"；而职务侵占，数额较大的标准是6万元，数额巨大的标准是100万元。两者法定最高刑也不同，贪污罪的法定最高刑是死刑，而职务侵占罪的法定最高刑是无期徒刑。因此，此次改革，应在行政司法上统一对各类产权的立法与执法，在投融资政策上进一步扶持民营企业，重视对私有产权的保护。

第二，统一执法，保护企业财产和企业家人身财产安全。多年以来，企业家成为犯罪高发人群，常见罪名包括"非法集资""传销""诈骗"等，个别部门也动不动就以类似罪名查封、扣押、冻结企业财产。在打击经济类犯罪中，存在冤假错案和用力过猛的情况，导致企业家人人自危，市场创新活力不足。保护企业家，就是保护企业。要严谨利用刑事手段干预经济；要对经济类罪名统一适用标准，不能随意扩大解释；在查封、扣押、冻结企业财产时，应尽量谨慎，考虑处置程序的合法性和必要性；严格区分个人财产与企业法人财产、合法财产与非法财产；完善涉案财产保管、鉴定、估价、拍卖制度，做到公开公正、程序合法；完善救济与赔偿制度。

第三，完善知识产权的保护。知识产权是现代社会一项重要的财产权利，主要包括商标、专利权、版权及相关邻接权。由于信息的互联互享，每天都有大量侵犯知识产权的事件发生。2022年5月21日正值小满节气，奥迪请刘德华拍摄的汽车广告文案涉嫌抄袭抖音博主"北大满哥"关于"小满"的文案，此事闹得沸沸扬扬，最后奥迪、刘德华向公众道歉。这是典型侵犯作者著作权的案件，且事实清楚，证据充分。而实际上，还有许多知识产权类案件错综复杂，专业性极强，民刑交织，可能具有跨地域性，证据难以收集，给知识产权案件的审理带来很大挑战。为此，2019年1月1日最高人民法院知识产权法庭成立，负责审理全国范围内专利等技术类知识产权上诉案件，并设立北京、上海、广州和海南自由贸易港知识产权法院，支持南京、武汉、深圳等24地设立知识产权专门审判机构，跨区域管辖专业技术性较强的知识产权案件。下一步，国家还需进一步创新立法和完善制度上的设计，明确案件的办理标准，加强专业人员的培训和选拔。只有全方位保护知识产权，才能激发人们发明创造和创作的热情。

四、如何促进反垄断与中小企业保护

《意见》指出，要进一步规范不当市场竞争和市场干预行为，着力强化反垄断。《意见》还特别针对部分行业着力强化反垄断执法提出了具体要求，包括：完善垄断行为认定法律规则，健全经营者集中分类分级反垄断审查制度；破除平台企业数据垄断等问题，防止利用数据、算法、技术手段等方式排除、限制竞争；加强对金融、传媒、科技、民生等领域和涉及初创企业、新业态、劳动密集型行业的经营者集中审查，提高审查质量和效率，强化垄断风险识别、预警和防范；稳步推进自然垄断行业改革，加强对电网、油气管网等网络型自然垄断环节的监管；加强对创新型中小企业原始创新和知识产权的保护。

我们先来看看垄断是怎么形成的。企业在自由竞争中，会不断通过资本积聚和集中来扩大生产规模，从而引起生产和资本的不断集中。生产和资本集中发展到一定阶段必然产生垄断。当一个部门的大部分生产或流通为一个或几个大企业所控制时，这个部门中的小企业很难与其竞争。少数大企业势均力敌，继续竞争可能会导致两败俱伤，因此不如放弃竞争，通过协商达成协议，形成垄断，并可坐享垄断带来的高额利润。

具体来说，垄断包括以下几种形式。

1. 自然垄断：生产成本使一个生产者比大量生产者更有效率，慢慢占据市场，其他生产者难以进入。

2. 资源垄断：关键资源由一家企业拥有（如专利技术）。

3. 行政性垄断：政府给予一家企业排他性地生产某种产品或劳务的权利（即地方保护主义），也有由政府自行垄断的，这种行为称为专卖。

依据 2008 年的《反垄断法》，反垄断包括禁止垄断协议、禁止滥用市场支配地位、经营者集中审查、禁止行政权力滥用。随着数字经济、平台经济、新业态的发展，反垄断也不断升级换代，出现了对如"二选一""大数据杀熟"等行为的监管。2021年以来，多家平台企业因涉及垄断被处罚。其中最受瞩目的是阿里巴巴被国家市场监管总局处以高达182.28亿元的罚款。此外，腾讯、滴滴、美团、苏宁易购等各经济领域的代表性企业也被立案调查或处以顶格罚款。

国家加强反垄断调查，加强对平台大企业的处罚，并不意味着国家反对企业做大做强。相反，国家建立统一大市场是为了鼓励企业做大做强，形成高品质、大规模、有世界竞争力的企业。国家要求破除地方保护，打通各关节点，就是为企业的规模化发展扫清道路。试想，中国市场如此大的蛋糕，以后没有了地方、行业准入的限制，有实力、有技术的企业势必会一马平川，效益规模成倍增长。

自由竞争的环境势必会淘汰一批靠政府吃饭、产能低下、创新不足的企业。同时，那些具有一定发展潜能的中小企业、初创企业也会面临冲击。但中小企业在国民经济中的作用非常重要，尤其是在创造就业岗位、增强市场活力方面。如何在开放竞争的统一市场里为小企业保驾护航，应该成为此次改革的重要议题。

美国为维护国内统一市场，促进自由竞争，完善了反垄断立法，出台了扶持小企业的《小企业法》(*Small Business Act*)，并设立了小企业管理局。该局负责为小企业提供融资服务、咨询服务、培训服务，帮助它们获取政府采购合同。其中的融资服务，并非向企业提供贷款或政策资金，而是通过贷款担保、与金融机构合作等间接方式，切实打通小企业向金融机构融资的壁垒。小企业管理局可以通过受托机构在公开市场募集资金，以联邦政府为其提供信用担保，并通过小企业投资公司向小企业进行风险投资。在政府采购方面，法律规定小企业的金额比重不能低于23%。

为保护中小企业发展，我国接下来应一边出台更有力的反垄断法规，一边提出切实扶持中小企业的法律政策。既有实力雄厚的"龙头企业"引领发展，也有中小企业的百花齐放。

《反垄断法》助力
全国统一大市场公平竞争

时建中

（中国政法大学副校长）

时值《中华人民共和国反垄断法》（以下简称《反垄断法》）刚刚修改，而《中共中央 国务院关于加快建设全国统一大市场的意见》也于2022年4月发布，对此，笔者从法制建设的角度跟读者分享一些自己的观点。

一、厘清建立统一大市场的一些基本问题

首先，我们需要弄清楚几个基本问题。第一，到底什么是统一大市场？第二，为什么要建立统一大市场？第三，建立统一大市场的过程中需要处理好一段历久弥新的老矛盾，那就是市场和政府的矛盾，或者说是市场和政府的关系，如何处理？在这个前提下，我们再看《反垄断法》可以为统一大市场的建设做点什么。当然还有一个非常核心的观点，那就是计划经济不需要《反垄断法》，市场经济离不开《反垄断法》。如果再加一句的话，那就是

市场经济越成熟，对《反垄断法》的需求越强烈。在这个基础上，笔者再简述一下第一次《反垄断法》修订的情况，同时提出现在统一大市场需要关注的若干重要问题。

1. 什么是统一大市场

首先要知道什么是市场，什么是大市场，什么是统一大市场。我国已经经过了40多年的改革开放，可能我们会认为实行市场经济是理所当然的，也是必然的，其实回顾整个改革开放的过程，我们认为这个答案是错误的。应该说，中国的市场经济来之不易。从1978年之前的计划经济，到1993年之前有计划的商品经济，再到现在越来越完善的市场经济体制，我们可以看到，中国的市场经济是从无到有的，是从小到大的，是从弱到强的，也是从碎到整的，这个过程就来之不易。到目前为止，地区封锁、行业垄断这些破坏统一大市场的行为并不罕见，甚至表现为越是高端的产业，越是税收附加值高的行业，地区的封锁就越严重。为此，中共中央、国务院不断地出台一些促进公平竞争的审查措施。

除此之外，还可以看到这一点：中国的人口多，就是一个大市场吗？毫无疑问，这个看法是错误的。疆域大或人口多的国家并不一定有大市场，比如印度，我们很难说它现在有一个大市场；再如，改革开放之前，我国连市场都没有。所以，我们为什么要建设大市场？因为大市场不仅要解决规模的问题，而且要解决结构的问题——规模要大，结构要优。而且，结构要优，还得从产业链的角度来着手；结构要完整，否则哪个产业链断掉了，还会出现问题。大市场效益要好，大市场创新能力要强，只有这样，大市场才可能高质量发展，或者说是大市场有可能高质量发展的前提。

由此，统一大市场的建设就是为了最大限度地满足商品流动性，最大限度地降低交易成本，最大限度地发挥市场在资源配置中的决定性作用。所以，无论是市场、市场机制、市场秩序、市场品质，都不是理所当然的，也不是必然的，需要珍惜，需要守护。

2. 为什么要建立统一大市场

我们可以从两个方面来看。在十九届五中全会及"十四五"规划里明确提到，要立足新发展阶段、贯彻新发展理念、构建新发展格局，推进高质量发展，即所谓的"三新一高"。未来的发展格局就是以国内大循环为主体、国内国际双循环相互促进的新发展格局，那么统一大市场毫无疑问是新发展格局的应有之义。而发展统一大市场也是高质量发展的基础，因为市场越大，越是有一个统一大市场，它的竞争和创新才越可能更好地实现良性互动。这个时候才可能实现高质量的发展。

同时，特别是在百年未有之大变局的背景下，统一大市场一定是我国参与国际竞争的一张底牌。从一些案例中可以看出我国对全球的影响，例如我国在全球采购什么，什么价格就上涨。反过来讲，如果我们真的提升了统一大市场的质量、效益和创新能力的话，则会强化我们参与国际竞争的能力。从这个意义上来看，统一大市场首先是具有经济意义的，但在分析之后，发现它的作用不仅限于经济意义，它还有政治意义、社会意义及动力意义，这个动力包括进一步地深化改革，进一步地扩大开放。

3. 如何处理好市场和政府的关系

当然，在建设统一大市场的过程中，必须处理好长期以来一直存在的一个矛盾，那就是市场和政府的关系。只要有政府和市场，这个矛盾就是永恒的。当然，我们也经常说到市场失灵，市场一定有自己的纠错能力，但其纠错的成本太高了，因此我们希望发挥政府的主观能动性，尽可能降低纠错成本。如果政府给市场纠错，那么政府一定要比市场高明，但我们的政府真的比市场高明吗？不一定。如果政府不比市场高明，那么政府失灵恐怕比市场失灵产生的问题更严重，因为市场失灵还可以自己纠错，政府失灵，则市场连自己纠错的机会都没有。在我们的实际经济生活中，无论是中国还是外国，这样的例子并不罕见，甚至某些局部正在重蹈覆辙。

当然，对政府和市场的关系，在改革开放实践中党中央也在不断地深化认识。党的十五大提出，市场在国家宏观调控下对资源配置起基础性的作用，注意，是"基础性的作用"。接下来的十六大、十七大及十八大，对它的定位仍然是基础性作用，只是在前面加了一个条件，副词不一样了，但定位还是基础性作用。一个革命性的变化或者说一个重大的理论突破发生在十八届三中全会。在此之前，十四届三中全会发布了一个重要的决定，即《中共中央关于建立社会主义市场经济体制若干问题的决定》，十六届三中全会发布了一个《中共中央关于完善社会主义市场经济体制若干问题的决定》，十年之间一词之差，1993年的时候是"建立"，2003年的时候是"完善"。"建立"是要解决一个从无到有的问题，"完善"是说解决了从无到有之后要解决如何建得更好的问题。到党的十八届三中全会时，提法不再是"经济体制改革"了，而是"全面深化改革"。在这个文件中有一段话笔者记忆犹新，那就是：经济体制改革是全面深化改革的重点，核心问题是处理好政府和市场的关系，使市场在资源配置中起决定性作用和更好发挥政府作用。这个革命性的变化或者说重大的理论突破就是：市场在资源配置中起的不再是基础性的作用，而是决定性的作用。

市场能否发挥在资源配置中的决定性作用，并不完全取决于市场，而主要取决于政府。所以我们希望政府能发挥更好的作用，也就是说，政府好不好不是靠政府自己来判断的，而是靠市场。当市场在资源配置中起决定性作用时，那就说明政府的作用发挥好了。当市场本身出现问题的时候要注意，政府也一定有问题。我们不能把所有的原因都归结于市场，可能病发在市场上，而病因在政府。这样一个重大的理论突破被党章吸收，并且现在已经成为习近平新时代中国特色社会主义思想的重要组成部分。在处理政府与市场关系的时候，矛盾的主要方面不是市场，而是政府。

二、《反垄断法》对统一大市场建设的积极作用

把前面的背景基础搭建好了之后，我们可以看中国的《反垄断法》对于全国统一大市场的建设能够起到什么作用。毫无疑问，中国的《反垄断法》在全世界来看是出台得比较晚的，最早的《反垄断法》是 1889 年加拿大制定的，非常遗憾，因为国力所限，这部法律并没有在全球产生影响；真正产生影响的是美国 1890 年的《谢尔曼法》，这应该说是《反垄断法》的母法。我国的《反垄断法》是在 2008 年正式实施的，在《谢尔曼法》之后的 100 多年后，我们的《反垄断法》才正式实施，原因就在于过去我们没有市场经济，所以根本就不需要《反垄断法》。

1. 中国特色的《反垄断法》

中国的《反垄断法》与全球 130 多个国家的反垄断法相比，最大的相同之处就是，所有的国家都会规定三种典型的市场漏洞行为——垄断行为、滥用市场地位和不当的经营者集中。不同的是，我们对滥用行政权力，排除限制竞争的行政性垄断做了专章规定。在苏联时期的法律中也可以找到反对行政性垄断的影子，但都是个别的条款，没有系统的规定，而且对于这种滥用行政权力的规范和规制也不像中国有如此大的决心。如此大的决心表达了对市场的信心，是对市场的呵护，对市场的保障。

在中国所有的法律里，《反垄断法》是非常特殊的，这部法

律出台的出发点一方面要防止市场垄断，目的是要使市场在资源配置中发挥决定性的作用，这样市场才更有效；另一方面，这部法律要打破行政性垄断，目的是要规范政府的行为，使政府能更好地发挥作用，使政府更加有为。所以我们说，《反垄断法》是一部推动有效市场和有为政府更好地结合的一部法律。

当然，让政府更有为一定要注意一个前提：有为的政府一定是尊重市场规律的政府；一定是在尊重市场规律的前提下顺势而为的政府，而不是向市场发号施令的政府；一定是管得住自己的手的政府，而不是到处干预市场，甚至要利用行政权力来谋取单位或者个人私利的政府。

2. 中国《反垄断法》的法治建设进程

我们首先简单回顾一下中国《反垄断法》的法治建设的进程。1978年11月，中共中央召开了党的十一届三中全会，吹响了改革开放的号角，到了1980年，国务院出台了一个文件《关于开展和保护社会主义竞争的暂行规定》，文件强调要保护以公有制为基础的市场竞争，文字非常简洁，发出的信号非常清晰，态度非常坚决，但非常遗憾，到目前为止，我国的市场经济还存在很多问题，这就是我们要去建设统一大市场的原因，以及为什么在建设的过程中要呵护它、保护它。1992年，邓小平同志南方谈话之后，党的十四大召开，确立了市场经济体制改革就是要建立社会主义市场经济体制的大政方针，所以在1994年，《反垄断法》正式进入立法议程。但毫无疑问，在1994年我国不可能制定出一部完备的《反垄断法》，我们所制定的《反垄断法》是反对行政性垄断的法律，因为那时的市场经济体制刚刚作为一个目标被提出来，还未形成现实。1994年的时候立法事宜进入八届人大，1998年进入九届人大，2003年进入十届人大，直到2003年之后，立法的进程才明显加快，可以看出，反垄断的立法进程很明显是先慢后快。那时在计划经济体制下不需要《反垄断法》。在1994年明确提出经济体制的目标就是要建立社会主义市场经济体制之后，一直到2003年才提出要完善社会主义市场经济体制。其间，2001年时我们加入WTO，用更加全面的对外开放倒逼着、深化着市场经济体制改革，当然是以市场为取向的改革。当我们宣布初步建成社会主义市场经济体制之后，《反垄断法》的立法进程明确加快，随之可以看到，市场经济越成熟，对《反垄断法》的需求越强烈。2008年时这部法律终于进入实施阶段。

从1994年提出建立市场经济体制改革到2008年实施《反垄断法》，经过了14年时间；从2008年实施到2022年第一次修订版本的实施，又经过了14年的时间。可以猜测，这部法律再过14年是否又会进行一次新的修订？那个时候的修订又缘于什么？有可能是因为市场经济更加成熟了，新的形态更加稳定，所以那时可能会需要更加完善、健全的，能够应对新的经济形势的一些条款。比如现在的《反垄断法》第九条，对于数字经济，针对数据、算法、技术、资本优势、平台规则等新生事物，做了一个原则性的规定。做原则性的规定意味着这方面存在一定的问题，而且《反垄断法》已经注意到这样的问题了，但现在由于数字经济本身的交易关系尚未定型，因此法规为未来预留了一个接口。技术对于经济的推进作用是难以想象的，但可以想象的是，它越来越重要。我们可以预见未来还会有一些变化，但毫无疑问不在短期内。

3.《反垄断法》修订版中的新内容

这次修法的幅度是非常大的，原来的条文有57条，现在变成了70条，新增12条，拆分了过去的1条，使之变成了13条。最大的变化是在总则和法律责任这两个部分。总则的部分有一些变化，看上去文字不多，但意义重大。比如《反垄断法》第一条，我们知道，中国法律的第一条都是讲这部法的立法目标，一个本科生不会考立法目标，但一个法官要深入研究立法目标，一个好的学者一定要理解立法目标。当然，如果经济学家对这个制度进行评价，恐怕也不能忘记立法目标。而在《反垄断法》中提出要鼓励创新，这恐怕在全世界的反垄断法中都是绝无仅有的，且意义重大。笔者也为这四个字的增加贡献了自己的绵薄之力。《反垄断法》如果仅仅止于反垄断，而忘记以创新为目标，那它就只是一种术而非道。为什么要反垄断呢？是为了维护公平竞争。为什么要维护公平竞争呢？是为创新营造一个所需要的市场环境。

没有创新，竞争就是一个零和游戏；没有创新，竞争就只限于存量；没有创新，竞争就有可能变成你死我活的市场活动。

一旦有了创新，市场竞争将会激发出更多积极正向的活力，竞争的层次和水平也会提高，这就是创新的意义。在创新之后，还必须分享创新的发展成果，那是分配的问题，不是《反垄断法》本身要解决的问题，实际上，《反垄断法》也在推动这些问题的解决。

再如，《反垄断法》新的修订版中增加了一句话：强化竞争政策的基础地位。无论对微观经济学还是宏观经济学来说，这都是不可回避的问题。因为这句话中的"强化"一词意味着承认，这是前提，而且在承认的基础上去进行强化。强化什么呢？强化竞争的基础地位，也就是说在整个经济政策体系中，竞争政策被政府以法律的形式予以肯定，并且其基础地位被承认。这就意味着在观念和政策体系上，国家为市场发挥在资源配置中的决定性作用提供了一个法律基础和政策基础。

又如，在《反垄断法》总则部分明确提出，国家要建立健全公平竞争的审查制度。在《反垄断法》中已经有反对行政性垄断的规定，但这方面的制度针对的是事后行为，行政性垄断发生之后才能救济，而所有事后的救济都具有高成本的特点。所以在2016年，我国建立了公平竞争审查制度，即对政府出台的涉及市场经济活动的规定，要事先设置一个审查程序。这样就将事后的制裁与事先的审查有机地结合了起来。过去的公平竞争审查仅以一个国务院的文件做出规定，现在以法律的形式把它肯定了下来。

从以上这些新修订的条款就可以看出，《反垄断法》的修订和完善为高质量地建设全国统一大市场奠定了法治基础。

三、建设统一大市场需要关注的若干重大问题

在厘清了统一大市场的基础概念之后，还有一些非常重要的问题需要关注。

1. 维护市场公平竞争

没有公平的市场竞争，就不可能建成全国统一大市场。现在有一个问题，我们从《反垄断法》的角度来观察全国统一大市场的建立，新修订的《反垄断法》对违法行为处罚较重，是不是说它一定能够推动市场公平竞争呢？不一定。这就是法制不等于法治，因为即使有了科学立法，纸面上的法律转化为行动上的法律还有很长的距离，我们还需要严格执法、公正司法以及全民守法，只有法治的四个环节都做到了，才能由法制发展为法治，由纸面变成行动。

以如今快速发展的新经济形式数字经济为例。2016年杭州G20会议首次提出数字经济的概念。所谓的数字经济，就是指以数字化的知识和信息为生产要素，以网络为载体，以不断进步的ICT技术为推动力，从而使经济结构不断优化，经济效率不断提升的经济活动。数字经济有三个要素，一是数据，二是网络，三是ICT技术。把数据当作市场要素，这一点在我国率先被肯定，而且有专门的文件规定。数字经济确实代表了先

进生产力的发展方向，尽管2021年一些平台企业遭受了反垄断调查，但不能否认数字经济是先进生产力的代表方向和趋势，而平台经济在现阶段仍然是数字经济的典型代表。现在大众都已经注意到数据的价值。有一句话形容数据的价值，说数据是石油，这句话又对又不对。从动力的角度来说，这句话有它的道理；但从资源的角度来说，这句话完全是错的。为什么呢？石油越用越少，总有枯竭的那一天，而数据越做越多，质量越来越高，所以石油是具有竞争性的，而数据是非竞争性的。正因为这样一种属性，数据可以同时被多个主体所占有、所控制、所使用，而且数据有规模效应。

正因为这样，据不完全统计，现在约有18个省（自治区、直辖市）制定了行政区划内的数据条例、大数据条例或者数字经济促进条例。当然，目前还有接近十多个省（自治区、直辖市）正在草拟条例。全国大范围的地区在做数据条例的制定，这反映出对数字治理的依据是全国性的需求，但因为还没有针对数据领域的全国性的法律，所以各地自己来制定。在全国性的法律未制定之前，各地自己制定也是一件好事，但把这18个省（自治区、直辖市）的与数据相关的条例进行分析之后，令人担忧的问题来了：各地的数据条例被分割了；不仅被分割，甚至被滥用。比如，有些省份的数据条例中特别规定了公务数据的授权经营。上文提到，数据的特点是非竞争性、可复制性和规模效益，但有一些省份基于公务数据经营的自我规则，把本地的公务数据完全变成了具有排他性的数据，只授予一个企业去经营。如果一个企业把自己的数据资源交给另一个公司去开发，这一定是有问题的。当然，因为土地是具有竞争性的，将土地交给一个公司去开发的时候，其他人就根本没有办法开发。但数据不一样，将数据独家授权经营，其中的动机、效果和原因值得分析。

2. 要深化改革创新

这个改革创新有两个维度，第一个维度是科技创新，第二个维度是制度创新。在制度创新里又有两个维度，一个是市场创新，另一个是政府的改革和创新。因为要建立全国统一大市场，所以从政府的维度来讲，一定要处理好中央和地方的关系，调动两个积极性，破除统一大市场建设过程中的纵向障碍；同时要处理好地方与地方的关系，维护地方政府之间的公平正当竞争，破除统一大市场的横向障碍。我们要建立统一大市场并不意味着要否认、限制、消除地方之间的竞争，地方之间的竞争是必要的，因为它本身就是一种重要的市场活力来源。

3. 一定要坚持两个"毫不动摇"

考验两个"毫不动摇"是不是坚持得好，不是在发展很好的阶段，因为在发展的过程中把增量的蛋糕做大的背景下，两个"毫不动摇"是可以做到的，但如果是在经济不景气、经济下行、有外来压力的时候，两个"毫不动摇"中可能就有一个要动摇。哪个被动摇都会让民众失去信心，都有可能让人产生躺平的心态。一定要确保两个"毫不动摇"，特别是在目前的阶段，要提振民众的信心。没有信心哪有预期，没有预期哪有稳定？

总之，我们必须持之以恒地建设和完善全国统一大市场。在建设的过程中，我们需要借助法治的力量，特别是《反垄断法》的力量，让市场更有效，让政府更有为，让竞争更公平，让创新更繁荣。

第四章

直面统一大市场的改革难点

跨越统一大市场的三道财税门槛

王雍君

（中央财经大学教授、博士生导师、政府预算研究中心主任）

一、中国市场经济体制 2.0 版

统一大市场的合理概念应界定为满足最优竞争条件的大市场，而区际税负均衡、公共服务均等化和区际外部性内部化正是其中的三个关键方面。

全国统一大市场的目标模式是共同市场，即在最优竞争的经济条件未被人为扭曲的前提下，形成生产、投资、就业和交易在各地区间自由流动的市场。为应对内外环境快速变化带来的棘手挑战，加快发展基于共同市场模式的国内统一大市场，比以往任何时间都显得更重要、更紧迫。此举之所以意义非凡，还在于它标志着中国的市场经济体制将从改革开放至今的 1.0 版，进化为更高级、功能更强大和更健全的 2.0 版，并为进一步进化为法治基础牢固的 3.0 版奠定坚实基础。

统一大市场需要依赖公平有效的竞争机制把经济机遇平等有效地扩展到所有市场角色，这将成为市场经济的"无形之手"推动财富创造的源泉活水，也是把人民带入自我发展进程轨道与国家繁荣富强的必由之路。政府的角色和核心作用应在于创造最优竞争的两类条件——经济条件与财税条件。最重要的经济条件莫过于完善产权与合约制度，以保护所有权特别是交易的安全性；最重要的财税条件莫过于区际税负均衡、公共服务均等化和区际外部性内部化，以避免区际财税边界相互冲突妨碍无边界统一大市场的形成与发展。

二、各地区税负不平衡现状

中国一直实行全国一律的税收制度，税基和税率等税制要素由中央统一立法并在全国统一实施，甚至地方税也是如此。放眼全球，尤其是大国之中，税制的一体化程度如此之高的国家并不多见。如果不考虑对地方财政自主性和确立职责的影响，统一税制的最大优势在于税收协调，确切来说，就是避免了税收分权体制复杂的税收协调难题。在一个经济依存度日益加强的世界，区际税收协调是必需的，并且意义重大。

然而，税制的全国一律只是名义上的。由于各种原因，实际执行的税制与名义税制的偏差一直存在，甚至相当明显，集中表现为各个地区的实际税负不仅偏离法定税负，而且横向差距相当大，以至于税负洼地与税负高地并存的局面延续至今。保持全国一致的税收制度和税收政策的执行力度非常重要，但实际上执行起来相当困难、复杂。而且，任务式征税压倒依法征税使这种情形更是雪上加霜。由此带来的税负区际差异在一定程度上破坏了最优竞争条件，因为相对于税负高地而言，税负洼地获得了税负优势，就会吸引稀缺资源基于税收力量的区际流动，从而削弱了市场机制的作用，和建构与培育统一大市场核心要义——"发挥市场机制在资源配置中的决定性作用"背道而驰，也与税收中性的基本原理与原则背道而驰。

因此，把资源区际流动的两类驱动力量清晰区分开来就变得非常重要，一类是经济力量（即市场机制），另一类是财政力量。当区际税负差异超过某一临界水平时，资源将从税负高地流向税负洼地，在这里，作为财政力量的税收力量扭曲了资源的区际配置。

从经济前景和市场导向的视角来看，合理保证每个地区的税收特征与经济特征一致是必需的，这意味着各地区的人均税负与人均 GDP 应大致相同，但实际情况并非如此。

就公共财政的支出面而言，上述情形表现为公共服务的区际差距。发达地区的公共服务水平整体上远高于欠发达地区，可以描述为"服务非中性"：政府没有在支出面上一视同仁地对待所有辖区，某些辖区因此享有优势，其他辖区只有劣势。在这种情况下，驱动区际资源流动的市场力量被财政力量压制或削弱，如上文提到的区际税负差异的扭曲效用。

三、跨越基本公共服务均等化门槛

人们很少认识到，如果不能跨越构成统一大市场关键的基本公共服务（与设施）均等化这道财政门槛，我们将很难从此岸抵达彼岸。近年来，政府加强了推进基本公共服务均等化的政策力度，但与统一大市场的相关要求相比仍有相当差距。焦点在于重构转移支付体制，确保清晰区分"发展援助"和"均等化"转移支付。前者着眼于把资源集中导向经济上最有前途的优势区位，即专业术语所说的"经济增长极"。为确保规模经济，增长极的经济辐射功能必须足够广泛而强大。同等重要的是保证观念上和政策上基于增长极概念设计发展援助，将其与均等化转移支付明确分离开来。根本差别在于，发展援助应基于同市场机制的"决定性作用"严格一致的理念设计与实施，而均等化转移支付应基于"非市场导向"。据此，无论一个地区是否属于经济上的增长极或优势区位，都享有获得均等化转移支付的同等权利。

中国的政府间转移支付规模相当可观，在世界各大国中首屈一指，但从统一大市场的角度看角色缺陷明显：财力性转移支付与专项转移支付的区分，与作为合理区分的发展援助与均等化转移支付不一致。财力（一般）性转移支付中包含发展援助，专项转移支付中包括均等化项目。这种纠缠不清意味着"市场导向"与"政府导向"没有明确分离开来，从而蕴含了一种高风险：体现政府导向的财政力量把资源引向经济上没有前途的区位，其长期发展的后果令人担忧，后续调整与转型相当困难与复杂。财政力量激发的短期繁荣与经济力量决定的中长期衰落一直是个严重问题，与统一大市场的预期极不吻合。

四、财政力量应扮演"矫正者"角色

此外,统一大市场还依赖第三个条件:区际外部性的内部化。统一大市场的形成与发展不可避免地涉及区际外部性问题,包括诸如发明创新带来的正外部性,环境污染带来的负外部性。前者因造成私人收益低于社会收益而不足,后者因造成私人成本低于社会成本而有余。两种情形都损害效率,并且本质上也不公平。为此,财政力量应扮演"矫正者"角色,对前者提供财政支持,对后者实施财政惩罚,以使私人收益接近社会收益、私人成本接近社会成本。高性价比燃料电池为典型例子:需要大额前期投入、回报周期长、风险高,导致其实际投资水平远低于社会最优水平,需要政府给予财政投资、补贴和税收优惠方面的大力扶持。

区际外部性还包括财政外部性,涵盖收入面和支出面。收入面外部性主要指不良税收竞争和税负转嫁,比如总部经济所在地(企业注册地)以汇总纳税的形式转嫁税负,增值税和消费税的产地征税规则导致税负被转嫁给市场地。与发达辖区相比,欠发达辖区通常沦为税收竞争和税负转嫁的输家。这种以邻为壑的财政力量不仅破坏了统一大市场的最优竞争条件,而且直接与地方财政的自主性原则相抵触。

内部化还涉及公共财政的支出面。张家口治理沙尘暴即典型例子:益处扩散到北京和其他许多地方,但相应成本若全部由当地承担，则既无效率又不公平。因此，中央政府代表其他所有受益地区向张家口提供转移支付，用以补偿与外溢利益相应的财政成本。如此，支出面的区际外部性得以"内部化"。

建设全国统一大市场，"三重压力"环境下的发力

陈道富

（国务院发展研究中心金融研究所副所长）

市场是在基于规则创造的确定性中回应供需双方需求而产生的，同时在不断打破地方和局部利益中寻找更有效配置和更顺畅流动。以激发市场活力、提升市场效力为目标的全国统一大市场，是我国经济未被完全开发的产物，也是为了打造高质量现代经济需要逐步共塑的环境。

一、正确理解"全国统一大市场"

建设全国统一大市场的过程也是推动我国市场由大变强的过程，统一大市场可以为建设高标准市场体系、构建高水平社会主义市场经济体制提供坚实支撑，也是构建新发展格局的基础支撑和内在要求。所以，为更好建设全国统一大市场，有必要准确理解其内涵。

首先，"全国统一大市场"的基础和首要特征是市场，即尊

重契约精神的经济机制。法治及其创设基于规则的"可预期"是市场信任的基础，也是市场运行的基石。市场通过可预期的规则调整逻辑，透明清晰的规则为市场提供基础的"确定性"，这在制度层面显著降低了交易成本。

近期有部分市场人士，特别是部分资本市场的投资者将"统一"理解成"大数据时代的计划经济""某种政府调控和干预""国有企业统一民营企业"等，使得上证综指当日甚至下跌2.6%。这些声音是对"市场"和文件最深的误解，也是值得政策制定者深刻反思的"偏差"。

其次，"国内统一大市场"是以市场方式实现"统一"。"统一"的含义在《中共中央 国务院关于加快建设全国统一大市场的意见》中被概括为"高效规范、公平竞争、充分开放"。简单地说，就是打通全国的人流、物流和资金流。这里的"统一"是允许差异化基础上的"底层统一"，是在统一规则下的因地制宜，发挥并积累比较优势。总之，"统一"不是"大一统"式的"铁板一块"，更不是"封闭"和外部规定的"统一"，而是在规则和基础设施统一的基础上，通过市场监管的规范和统一实现市场充分开放和有效连接。这里规则的含义是广泛的，主要包括产权保护、市场准入、公平竞争、社会信用等方面。因而，这既是不同区域、不同种类市场的开放、联通和统一，更是政府和市场分层分工，但统一于、共同服务于经济的持续发展和良性循环。

再次，"国内统一大市场"是可以容纳多层次差异性的超"大"市场。我国是层次丰富的超大规模经济体，市场容量足够大，足以允许多样化的生态存在并成长，即市场容量是完全可以容纳足够差异性的。这要求不同地区、不同领域的市场要向其他地区、不同市场主体通过不同方式充分开放，实现有效连接、顺畅循环，成为"活"的多层次的具有丰富差异化的"大市场"。

最后，是基于全球市场的"国内"重点。有一段时间我国深度参与国际大循环，借助国际循环推动经济增长和转型。在以国内大循环为主体、国内国际双循环相互促进的新发展格局下，我国有必要进一步统一国内大市场，以便能更自主、更开放地参与国际经济竞争和大循环。随着我国经济综合实力的增长，我国有可能逐步建立"以我为主"的国际大循环，即国内统一大市场不排斥全球市场，甚至是以融合全球市场为条件的大市场。

二、解密当前市场分割的本质

一般商品和服务的市场化程度较高，开放较充分，市场分割的情景较少，但在不同地区仍不同程度存在。典型如政府采购，又如啤酒等商品及商超入场时的地区保护，主要表现为各种"潜规则"，导致一段时间内"外贸"成本低于"内贸"成本，宁可通过长距离的海运向海外拓展，也较为谨慎地开展国内市场开拓。此外，地方政府因考核要求，对企业的纳税、出口等也有不同要求。

目前，我国商品和服务市场的分割主要体现在商品和服务市场的支撑要素上。如物流、信息和交易平台，质量和消费者保护体系，标准和计量体系等，与要素资源市场化水平有差异及市场管理不统一、不规范等高度相关，本质上仍是理念、考核和要素资源的市场化问题。

我国当前的市场分割主要集中在要素市场上，如一般劳动力的跨省转移仍受社保等约束，部分城市还有户籍限制，农村集体用地的转让仍局限于特定的集体范围内。此外，数据要素的市场化程度较低，"数据烟囱""数据孤岛"现象较为普遍。不同地区不同行业的市场准入有较大差异，各地的用地、环保、用能等政策有较多自主性，执行标准差异较明显，特别在政府招投标中仍有不合理条件等。

究其根源，一是因政府考核、标准、公共服务等基础制度不完善等造成地区保护和行业分割；二是技术和数据行业的市场发展不足，无法"打开"产业链条实现社会合作；三是市场失序，出现了损害消费者权益、不正当竞争等垄断现象。

因此，实现全国统一大市场不是施加"外力"，用行政力量"使市场统一"，而是剔除阻碍市场统一的因素。市场本身有统一和拓展的内在动力，核心是人、财、物的自由流动。

三、法治是统一大市场的"软件"

建设全国统一大市场，需要以"持续推动国内市场高效畅通和规模拓展"为根本出发点，重点是"加快营造稳定公平透明可预期的营商环境"和"进一步降低市场交易成本"。统一规则和规范执法是基础"软件",高标准市场设施是基础"硬件",要素资源的市场化和商品服务支撑体系的统一是两个"着力点"。

为了更好推进全国统一大市场建设,需要坚守"法治"原则,实施过程中应注意以下两方面。

一是处理好政府和市场的关系。建立统一大市场,重点不是"统"和"管",根本目标是让市场"畅通",让市场有"生命"。因此,市场是"基础"和"归宿",宜充分发挥市场的"效率",重点和着力点都放在"顺畅运行"上。政府的"有为"并不体现在市场运行层面,而主要体现在制定合理制度和有效监管上,管住政府不当干预,是为了市场更有效运转,重点和着力点在"制度"和"成就"上。只要制度在"无限期"内对所有市场参与者"一视同仁",那么制度总体上就是"公正"的。政府对市场秩序的维护重点不在于追求什么目标,而在于采取怎样的方法。所以说,建立统一大市场,也应基于"法治"原则推进。

二是推进策略,宜"问题导向、立破并举、系统协同、稳妥推进"。"问题"只是"导向",并不是用来直接"解决"的,要从问题中看到根源,特别是体制机制层面的根源,在"制度"层面着力解决。找到根源后,还需要有策略地推进,从系统整体演变的角度有"立"有"破",保证转型的平稳和安全,充分考虑现有机制制衡导致解决对策的"次优性",设计好"过渡"制度和期限,容忍必要的"试错"和"迭代"过程,允许一段时间的"混乱"和调整。即改革是内嵌于社会和市场的过程,而不是简单粗暴和运动式的"休克疗法"。

四、"三重压力"① 环境下建设全国统一大市场应如何发力？

"三重压力"下建设全国统一大市场，需结合中央财经委关于基础设施建设的战略部署、中共中央关于消费的指导意见，遵循资本特征和运行规律，在激发有效投资、释放消费潜力、稳定市场预期的若干方面优先发力。

具体而言，可重点在以下三个方面发力。

一是加快现代市场设施的建设。如结合"稳"和"保"消费的要求，建设一批集仓储、分拣、加工、包装等功能于一体的城郊大仓基地，加快消费相关基础设施的重点项目建设。优化商贸流通基础设施布局，加快数字化建设，推动国家物流枢纽网络建设，加强应急物流体系建设，推进多层次一体化综合交通枢纽建设，建立健全城乡融合、区域联通、安全高效的电信、能源等基础设施网络。

二是加快严格落实"全国一张清单"管理模式，尽早出台资本"红绿灯"管理相关制度，特别是尽早公布"负面清单"，完成平台公司的专项整顿，稳定市场预期。明确政策和制度的形成机制，及时与市场沟通，夯实市场运行基石。

三是加快落实"清理废除妨碍依法平等准入和退出的规定做法""持续清理招标采购领域违法统一市场建设的规定和做法"，营造"稳定公平透明可预期"的营商环境。

---

① 需求收缩、供给冲击、预期转弱。

统一大市场背景下的城镇化发展思考

冯 奎

（北京交通大学城市研究中心主任、民盟中央经济委员会副主任）

本文将从城镇化的核心问题——农民工落户谈起，然后再探讨如何借建设全国统一大市场之力来推动城镇化。

一、城镇化进程中的"双头马""回流"现象

近年来，城镇化进程中出现了一些新的现象，主要就是农民工落户意愿降低，一些地方更进一步地出现了"双头马"[①]"回流"等现象。2021年5月，习近平总书记在《求是》杂志发表重要文章《把握新发展阶段，贯彻新发展理念，构建新发展格局》，文中就提到了这个现象，强调"农民落户城市意愿下降等问题要抓紧研究、明确思路"。

2021年中国常住人口城镇化率达64.72%，户籍人口城镇化率提高到46.7%，"十三五"以来两项城镇化率指标差距首次

[①] "双头马"是指一头享受了城镇居民权益、一头享受农业人口"红利"的群体，基层称之为"骑双头马、拿双份钱"。

缩小。在看到成绩的同时，需要注意这样一些新现象。一是落户意愿走低。少数大城市（比如上海、北京）流动人口落户意愿维持在 70% 以上，一些中等规模城市落户意愿降到 40%，县城等中小城市落户意愿更低。笔者最近参与一个调研，六成以上农民工表达了不想、不愿、不大考虑落户。二是在城乡间骑"双头马"的群体越来越大。十多年前，成渝一些地方支持农民骑"双头马"，现在这个群体越来越大，据四川某地级市初步估算，该类人员约占农村户籍人口的 1/3。三是"非转农"趋势越来越明显。一些城镇居民每月社保待遇比农村居民社保待遇仅高几十元。与农村户籍上附着的土地拆迁赔偿、惠农补贴发放、集体收益分配、宅基地利益等相比，城镇户口已不具有吸引力。有不少城镇居民以结婚、离婚、赡养农村老人、抚养子女等各种缘由申请迁移到农村，主要目的是争取第二轮宅基地、集体经济收益等分配权。

二、在城乡之间选择与徘徊的农民们

农民工落户意愿低，出现"双头马""回流"的原因是什么？在北京、上海等超大城市，由于户籍控制而导致了落户难。但在越来越多的城市，落户门槛一降再降，有的已是零门槛，那么在这些城市落户意愿低显然不是户籍控制造成的。最近，民盟中央通过调研发现原因在于农民感到城乡获得感之差，不足以让他们进城离乡。这个获得感的更具体指标就是收入。农民工对城市最不满意的是收入水平，61.52%的调研对象认为当期的"收入水平老是上不去"。有42.67%的人对未来五年的收入预期降低，认为会越来越难。收入上不去，但城里的压力反而加增，在多选题中，选择"最怕生病""生活成本高""收入低""住房困难""孩子上学"分别有53.38%、50.93%、50.09%、38.12%、36.73%。

对于农民工落户意愿降低甚至出现"回流"的问题，对此产生的影响的分析，各方面意见并不一致。有一种意见认为，农民工在城乡间流动，多了回旋余地，减少了社会震动，是好事，是有积极的一面的。另一种意见基本相反，认为落户意愿低以至于"回流"带来许多问题。一是城镇化拉动投资、促进消费的效应可能落空，这是宏观经济上比较明显的事实。按一般测算，一个农民工进城落户，引起的投资、消费等内需增量约10万元。如果每年3000万人进城落户，起码就是3万亿元。二是兼业化、零碎打工的方式不利于人力资本的形成。数以亿计的农民工集中在建筑、外卖行业，在专业技能的方向上缺少成长，到了50岁在城里找不到工作就不得不考虑回乡。

另外，"回流"也并非好的选择。一是农村土地改革无法更快推进，现代化规模化生产无法实现。许多地方宅基地甚至杂草丛生。二是国家的补贴政策没有落到实处。比如大量农业补贴由各类真农民、假农民、半农民去分享，真正的农民反而得不到应有的补偿。总的来说，城市没有成为农民工的家，乡村还是人在地里"耗"着，既没做成新市民，也没做成新农民，没能实现以人为本。如果情况得不到改善，将使得一些地方的城乡高质量发展两头落空。

中国的城镇化率水平不高，特别是户籍人口城镇化水平不到50%。从农业吸纳劳动力来说，未来还将有3亿~4亿农业转移人口。因此，人口从农业中流出，变成非农业人口，并且获得与他们生活相匹配的市民身份，享受市民化的基本公共服务，这是实现城镇化的必由之路。现在的问题不是这条路上的"车速"变慢了，而是出来的、回去的，挤在一条道上。在一些地方，政策也开始"模糊"。当然，我们认为对农民工进城与返乡都要保持耐心，但这会不会由于在城乡间大量淤积了这种"夹心层"的人口，而导致出现城乡循环不畅？如果此类现象没有受到应有重视，会不会成为更为复杂的经济与社会问题？

三、疏通离乡进城之路

中共中央办公厅、国务院办公厅在建设全国统一大市场的意见中提出，要健全统一规范的人力资源市场体系，促进劳动力、人才跨地区顺畅流动。这是重要的方向要求。真正的统一大市场，应使城乡劳动力、土地、资金等要素畅通循环。本文仅从城镇化这个视角，就"进城"做些讨论。那么，如何让进城的这条路更加顺畅，走上新型城镇化这条道路？一种思路是通过行政的办法，比如强制推进农民离乡进城，这已遭到了强烈的反对。还有一种思路与办法就是在建立全国统一大市场的过程中，让农民工在城市获得更多收益，使离乡进城之路的"卡"点得以疏导畅通。

具体来说，第一，还是要尊重农民工落户意愿，放开大城市落户限制。在严格控制的几个超大城市中，落户的意愿最高。第二，是一般性的省会大城市和重要的地级市，农民工流动人口落户的意愿略高。应进一步压实这些城市落户放开的责任，把城门打开，让农民工进城落户。

2022年5月7日，中共中央办公厅、国务院办公厅就促进以县城为重点载体的城镇化印发了《关于推进以县城为重要载体的城镇化建设的意见》，引起各方面重视。经过建设，县城未来可能成为农民工落户的重要、主要载体。但是当前需要强调的仍然是大城市要承担起责任，不能将应吸纳的农民工推向县城。县城作为重点载体需要城市建设、产业培育、人口聚集等"多元复合的转型"，这是一个过程。有的地方想通过农民进入县城，使县城房地产大发展，这更是一厢情愿。我们观察到，有的地方农民进入县城，不仅农业耕种变得更不方便了，而且县城的就业收入往往比外地大城市少很多。所以县城发展需要系统推进，需要逐渐积聚市场力量，很难在短时间内完全取代大城市对农民工的吸纳作用。中国联通智慧足迹公司提供了2017—2018年的大数据统计，在新增跨市域流动人口中，以县城和市区为流出地的比重为36.1%，2018年上升为39.2%，2019年则达到45.1%。

第二,千方百计稳定农民工在城市里的就业，并增加他们的收入。农民工就业与收入要由市场决定，虽然不能随意要求企业涨工资，但是提高农民工的人力资本，让农民工在市场中更有竞争力，这对政府来说仍有很大努力的空间。农民工当中初中及小学学历人数占到将近七成，他们的培训需要加强。尤其是国家应开发出针对农民工职称评定的办法，有的职称评定可以与原有的其他职称系列相对应。同时政府需要引导更多的农民工走上职业化之路。

第三，疏通农民工离村通道。农民不愿离开乡村，根本原因是舍不得土地。由于改革不到位，他们拿不到权益，带不走属于自己的资产，这使得不少人城乡两头牵挂。应加快农村土地制度改革，推进产权关系明晰化、流转交易市场化，等等。

有关数据显示，如果农民的土地权益、集体经济权益能拿走，且农民认为物有所值，他们更多会选择进城落户。因此，引导进城落户农民依法自愿有偿转让承包地，解决问题的关键在于完善以交易为导向的市场制度供给。农民认为市场建设最能保护他们的利益，但政策设计认为农民需要更多几层"保险"，比如担心农民把受让宅基地的钱拿去喝酒了等。这样一来，改革行动的步伐就有所保留，这也是未来要着力研究与突破的。

全国统一大市场关键在于"超越竞争"

本 力

[香港中文大学（深圳）高等金融研究院政策与实践研究所研究员、深圳市金融科技伦理委员会秘书长]

日前,《中共中央 国务院关于加快建设全国统一大市场的意见》（以下简称《意见》）发布，引发了各种解读和分析。总体上认为加快建设全国统一大市场，可以充分发挥市场促进竞争、深化分工等优势，在更大范围内优化配置资源，提高效率。但是，由此也不免引发一些猜测，甚至有人担心指令性经济复归。《意见》如何具体实施，还有待相关政策的进一步出台，但无论如何，笔者认为从历史的角度来观察，全国统一大市场的意义可能被许多人大大低估了。

改革开放四十多年来，利用好国内、国外两个市场，以持续激发国内竞争、积极参与国际竞争的思维来建立约束激励机制、形成竞争优势、提升综合国力，是我们建设社会主义市场经济的宝贵经验。而未来推动建设全国统一大市场的关键，恰恰在于在过往长期形成的竞争格局基础上再提升、再突破、再发展，进一步"超越竞争"。而且这种"超越竞争"，既贯穿着时间上的竞争，也包含着空间上的竞争。

一、竞争是中国奇迹的底层逻辑

回顾两个历史有助于帮助我们理解竞争以及"超越竞争"的根本意义。其中，一个是近年来国家总体的经济指导思想和发展战略的历史；另一个是改革开放以来国家经济政策的经济思想的历史。这有利于更好地研判建设全国统一大市场的根本目的和未来的发展方向。

1978年党的十一届三中全会提出的改革开放，以及1992年十四大提出的全面建设和完善社会主义市场经济体制，是党中央在关键时期的两次战略性部署和重大决策，最终创造了中国经济增长和社会发展的伟大奇迹。从表面上看，这是从计划经济体制向市场经济体制转轨，让相对封闭的经济体系与全球开放市场体系接轨；但究其根本，是全面启动和完善竞争机制，打破僵化的旧的制度安排，从而大幅度解放、激发和创造了社会活力和生产力。

在"效率优先，兼顾公平"的指导思想下，从个人到组织，从经济到诸多社会领域，这种竞争带来的巨大进步是全方位的。其中，"高考"就是一个关于竞争的历史性符号，也是新中国成立以来党的历史上具有深远意义的伟大转折。1977年，在邓小平的努力推动下，中央做出恢复高考的重大决定，等于是在人才建设和个人发展上重新恢复了竞争。从高考开始，逐步有了市场竞争，有了职场竞争，有了区域竞争，使追求效率和发展深入人心。竞争需要拼搏，就要想着如何解放生产力，而且，竞争是有公平性的，它至少使公平有了可能性。

这个时期中国也开始积极拓展对外贸易，逐步参与、加强国际市场的对外竞争。这种竞争反过头来对国内的市场竞争、市场公平又是一种输入，所以改革、开放是连在一起的，开放推动改革，改革促进开放。这种竞争由市场竞争逐步上升为国家综合实力的竞争。20世纪80年代女排"六连冠"其实也是中国积极参与国际竞争以及国家综合实力上升的一个标志性符号。举国上下自信心的提升也使"振兴中华"更加成为团结全国人民共同奋斗拼搏的共同信念。因此，也可以从参与国际竞争的角度理解2001年中国加入WTO以及2008年北京奥运会的重大历史意义。时至今日，中国已经成为全球的第二大经济体、第二大消费市场，以及工业门类最齐全的国家，这种翻天覆地的历史功绩很难不归功于此。

与此同时，正如周其仁教授所言："中国做对了什么？"对中国经济奇迹的经济学研究以及各种解读也蔚为大观。而其中，无论是林毅夫教授的比较优势理论以及在其基础上发展的"新结构经济学"，还是张五常教授、张军教授强调的县际竞争、区域竞争，乃至诺奖得主、一代经济学宗师科斯提出的"边缘革命"，都有一个共同的理论基础，那就是竞争。对于竞争作用的认识，又以张五常的观点最具影响力。他认为，中国经济奇迹的奥秘在于地区间的经济竞争。以县为主角的地区竞争，是从

20世纪90年代开始中国经济奇迹能够"奇上加奇"、继续保持快速增长的最大秘密。"中国的县级竞争制度有利于经济发展，中国有今天的成就与地方干部的工作分不开。各个县好像是一个个企业，县际之间的竞争好像公司间的激烈竞争，正是这样的竞争造就了中国的经济奇迹。政府要从商业机构的角度考虑怎么来分配。"

二、竞争中产生的难题亟待破解

需要注意的是，在四十多年的改革开放历程中，竞争不但成为个人发展、经济增长、社会进步的重要引擎；同时，竞争也已经成为全社会广泛使用的一种策略、一种思维方式、一种认知模式。可以说，竞争无时不在、无处不在，与竞争产生的效率一样，其中伴随的问题也无所不在，而且已经积累到一定程度，甚至不局限于经济本身，成为社会的顽疾。

首先，从时间维度上看，在阶段性指标为主的竞争下，短期行为和机会主义的恶果日益凸显。例如，过去各个地方选拔干部，最重要的政绩指标就是GDP。有人开玩笑说GDP就是"搞地皮"，因为它带来的投资和GDP增长最快。但是，这种发展已经到了一种不可持续的状态。2021年全国房地产开发投资147 602亿元，仅比上年增长4.4%，增速下滑速度仅高于疫情最严重的2020年。同时，在人口老龄化的大背景下，短期锦标赛式的竞争模式带来的问题也逐步集中显现，例如债务违约风险、环境保护风险、农业用地红线风险、社会稳定风险等。2021年出现的"双限"（主要指限产、限电导致的断电问题）对经济社会正常运行的冲击，也不排除有过度注重短期目标的竞争因素起作用。

为了追求在竞争中的超常效率，有些企业不择手段，产生了恶劣影响。例如，瑞幸咖啡在上市过程中出现报表数据造假，虽然创造了创办18个月就成功在美国上市的中概股最快上市纪录，但最终严重影响了中国企业在海外资本市场上的声誉。此外，操纵价格、大数据杀熟等方式的恶性竞争也使消费者深受其害。

2021年最流行的一个词"内卷"，也反映了过度竞争带来的副作用。"内卷"本来出自经济史研究中的"过密化"，最早的意思是讲劳动力投入的边际报酬递减，在这片土地上庄稼种到一定程度以后，再多投入也不会增加人均产量。可是许多人还是有一种惯性，继续在上面加码、堆量。这种"内卷"的模式，与"996""外卖骑手活在系统中""鸡娃"等社会热议的话题，内在机理是一致的。竞争激烈到一定程度，不但其边际上的改进可能无法持续，而且会造成鞭打快牛、劳资冲突等新的问题，并影响公共安全、社会稳定，甚至可能导致社会达尔文主义的盛行，并进而诱发组织内耗、职场霸凌等恶性行为。总之，整个社会需要更系统化的、更长期的激励机制。只有这样，才能产生更多像袁隆平这样追求长期目标的创新者，通过技术实现创新驱动，改变、突破内卷的困境。

其次，从空间维度上看，由于土地不可再生且无法流动，过度依靠土地资源的县际竞争已经乏力，并且带来债务激增的风险。中国几十年来经济增长的一大动力是城市化，以及以税收和土地为手段展开的招商引资竞争。但由于土地资源本身的特征以及制度限制，从而不能在全国范围内优化。针对这种竞争中产生的问题，复旦大学经济学院教授兰小欢在《置身事内》一书中指出，"如果竞争不能让资源转移到效率更高的地方，那这种竞争就和市场竞争不同，无法长久地提高整体效率，一旦投资放水的闸门收紧，经济增长的动力立刻不足"。例如，"虽然各地都有动力调配好手中的土地资源，平衡工业和商住用地供给，但在全国范围内，土地资源和建设用地分配却很难优化。地区间虽然搞竞争，但用地指标不能跨省流动到效率更高的地区。珠三角和长三角的经济突飞猛进，人口大量涌入，却没有足够的建设用地指标，工业和人口容量都遭遇了人为的限制。寸土寸金的上海，却保留着289.6万亩农田（2020年的数字），可以说相当不经济。同时，中西部却有大量闲置甚至荒废的产业园区。虽然地广人稀的西北本就有不少荒地，所以真实的浪费情况可能没有媒体宣扬的那么夸张，但这些用地指标本可以分给经济更发达的地区"。

对由于土地的"不动产"性质而产生的资源"流动性"问题的解决，在《意见》中的第四部分"打造统一的要素和资源市场"中，第一条就是"健全城乡统一的土地和劳动力市场"，即"统筹增量建设用地与存量建设用地，实行统一规划，强化统一管理。完善城乡建设用地增减挂钩节余指标、补充耕地指标跨区域交易机制。完善全国统一的建设用地使用权转让、出租、抵押二级市场。健全统一规范的人力资源市场体系，促进劳动力、人才跨地区顺畅流动。完善财政转移支付和城镇新增建设用地规模与农业转移人口市民化挂钩政策"。

从空间维度也能看到，县际竞争在促进本地区经济繁荣的同时，也助长了条块分割和本位主义。必须注意到，这种竞争不利于区域之间的合作，反而有可能加剧地方保护主义及市场壁垒和阻隔。而全国统一大市场的一大使命，就是打破相互之间竞争产生的负面影响，加强市场要素的联动，使供应链、产业链能够得到更高质量的发展。

三、"超越竞争"的全国统一大市场是未来的突破口

2020年5月14日，中共中央政治局常委会会议首次提出"深化供给侧结构性改革，充分发挥我国超大规模市场优势和内需潜力，构建国内国际双循环相互促进的新发展格局"。发挥超大规模的市场优势和内需的潜力是党和国家对经济形势的重大研判，是理解全国统一大市场的战略基础。这形成了我国实现"双循环"新发展格局的基本面。

如前文所述，四十多年改革开放中形成的竞争思维、竞争机制极大地解放和激发了生产力，但竞争中产生的问题也阻碍了生产力发展并形成了新的亟待破解的难题。而"超越竞争"的全国

统一大市场是"双循环"新发展格局的突破口，也是构建新发展格局的基础支撑和内在要求。无论全国统一大市场，还是"双循环"新发展格局，其核心都是从时间和空间上对过去竞争格局的超越，以长期主义和区域合作促进生产要素流动，激励技术创新，进而培育我国参与国际合作的新优势。

"超越竞争"意味着以长期的、合作的思维，重新理解和解决目前我们市场经济在发展中产生的时间维度和空间维度上的问题，优化战略、决策和行为。"超越竞争"其实也是长期战略能力、创新能力、合作能力的竞争。

从时间维度上看，《意见》在总体要求中就明确强调"坚持创新驱动发展，推动高质量发展"。在主要目标中也包括了"发挥超大规模市场具有丰富应用场景和放大创新收益的优势，通过市场需求引导创新资源有效配置，促进创新要素有序流动和合理配置，完善促进自主创新成果市场化应用的体制机制，支撑科技创新和新兴产业发展"。

时代需要我们具备更加复杂的思维，注重长期可持续，注重开放，注重创意创新，注重进化迭代。正如《从0到1》的作者彼得·蒂尔曾经指出的："竞争使我们过分重视过去的机会，一味复制过去的模式。竞争这种观念在社会蔓延，扭曲了我们的思想。竞争越来越激烈，我们实际获得的却越来越少，我们把自己困在了竞争中。"他认为竞争思维泛滥已经给社会带来了"内卷"、社会达尔文主义、短期行为等多种负面影响。竞争更注重旧世界里的博弈，代表了一种零和博弈的思维，但是创新是在新世界中开疆拓土和创造价值。在全国统一大市场这种重大战略转向的背景下，如何避免简单重复的低质量竞争乃至恶性竞争，让个人、企业创新力得到进一步解放、发展，这是未来的核心问题。

《意见》中"强化市场基础制度规则统一""推进市场监管公平统一""进一步规范不当市场竞争和市场干预行为"都可以看作是促进市场公平竞争、引导市场主体克服机会主义、遏制政府短期行为，以及坚定市场参与者长期预期和信心的举措。这些都是"超越竞争"进而促进创新驱动的根本文化和制度保障。

从空间维度上看，在《意见》的工作原则部分中明确指出："坚持问题导向，着力解决突出矛盾和问题，加快清理废除妨碍统一市场和公平竞争的各种规定和做法，破除各种封闭小市场、自我小循环。"《意见》中的"推进市场设施高标准联通""打造统一的要素和资源市场""推进商品和服务市场高水平统一"几部分内容更侧重于从空间这个方面推动全国统一大市场建设。

当前的全球化与数字化之间紧密相联，全球化是数字化的一个前提，但数字化也是推动这个时代突破空间束缚的重要力量。在空间维度"超越竞争"的突破中，数字技术、数字经济的优势和发展趋势在其中有集中体现。在"推进市场设施高标准联通"的若干举措中，"建设现代流通网络""完善市场信息交互渠道""推动交易平台优化升级"都离不开数据信息和数字化平台的基础支持。同时，在全国统一大市场思维的推动下，互联网和数字经济发展的未来，也将更加注重机会、规则、权力对等，更加注重互信合作。

对于恶性竞争、过度竞争引发的一些不利于全国统一大市场建设的问题，《意见》也明确强调"及时清理废除各地区含有地方保护、市场分割、指定交易等妨碍统一市场和公平竞争的政策；全面清理歧视外资企业和外地企业、实行地方保护的各类优惠政策"，以及"除法律法规明确规定外，不得要求企业必须在某地登记注册；不得为企业跨区域经营或迁移设置障碍；不得设置不合理和歧视性的准入、退出条件以限制商品服务、要素资源自由流动"。

全国统一大市场要解决的不仅是土地以及受其制约的劳动力市场的问题，而是涉及所有的要素市场。《意见》强调，在技术和数据要素方面，也要"建立健全全国性技术交易市场，完善知识产权评估与交易机制，推动各地技术交易市场互联互通"等。事实上，《意见》第三部分提到的市场设施高标准联通，推动国家物流枢纽网络建设，大力发展多式联运；统一产权交易信息发布机制，实现全国产权交易市场联通；打造统一的要素和资源市场，其中涉及土地和劳动力市场、资本市场、技术和数据市场、能源市场、生态环境市场等。

在空间维度上着力实现"超越竞争"的，还有大城市群发展战略。长三角大城市群、粤港澳大湾区等在交通等基础设施上已经开始加快互联互通，过去相互之间因竞争产生的市场壁垒和人为阻隔正在被逐步打破。这种城市、地域之间的合作互融，有利于市场要素的流动和统一大市场的形成，也将使供应链、产业链能够得到更有效的优化、发展。

  总之,"超越竞争"并不是否认、排斥竞争,而且建设全国统一大市场也不仅是通过市场化来"超越竞争"。改革开放以来,市场化、城市化、数字化等都成为推动经济发展的核心力量,它们都将在建设全国统一大市场中发挥时间、空间方面的优势和基础作用,有力有效推动创新驱动的高质量发展,为各类市场主体提供更广阔的发展空间。

全国统一大市场：市场公平竞争的保障

袁钢明

（清华大学中国经济思想与实践研究院研究员、教授）

全国统一大市场的主旨是拓宽改革开放以来市场化发展的成功道路，充分发掘和扩大中国大市场优势，而不是某些看法认为的统一大市场是中央对各地广大市场的集中统管。这种认为统一大市场是退回过去集中统制计划经济模式的看法，偏离和误解了统一大市场是走自由畅通的宏大市场经济之路的原意。

统一大市场是在中国成为世界第二大经济体、应对新的国际经济竞争局势的背景下提出的。2018年，美国特朗普政府发起针对中国的贸易战、科技战、资本市场战等，对中国出口美国的产品加征关税，打击中国高科技企业，阻断中美产业链、科技交流和中国企业在美资本市场的上市融资。在中国外部市场受到冲击的情况下，中国提出"双循环"新发展格局，以畅通国内市场循环，支持国际竞争大循环，深化市场化创新改革，打破国内市场地域分割，激活市场活力，争取国际竞争变局下的新发展。

改革开放以来，我国的市场经济获得了长足发展，但在发展过程中，市场经济仍存在以下问题：

一、地方保护造成市场分割，阻碍公平自由竞争

1. 不断变换的地方保护做法，形成了隐性壁垒

改革开放早期，中国经济在发展中出现过严重的地方政府保护行为，对商品和要素资源流动造成了一定的阻碍。在原材料供给短缺的情况下，原材料产地政府为使利益留在本地，便采取了行政措施，阻止原材料以市场方式自由流出。加工制造业产地企业去原材料产地采购，当地政府却设置重重道路关卡阻拦，对企业所在地，购买原材料证明，购买品种、数量、价格，交易运输时间、地点、路线等严密查验。笔者亲眼见过外地采购车辆被当地关卡拦阻，遭到重罚。通道堵塞、严厉管控造成原材料生产流通领域失去活力，陷入衰弱困境。市场化改革冲决了阻挡市场自由流通的障碍，打开了释放活力之路。原材料产地的生产流通由原来的被全面高度控制，转变为和加工业产地一样——自由度被扩大，由此激活了原材料产业的快速扩张，供不应求局面得以扭转。

地方保护的做法在市场化进展新情况下也变换了形式。建设统一大市场文件揭示了当前一些地方新的隐蔽保护做法。例如，在企业进入和退出地方经济方面，有的地方政府部门在法律法规明文规定之外自定条例，要求进入本地投资经营的企业，必须在本地登记注册成为本地企业，隶属本地管理，在本地交税，产值计入本地。如果不在本地登记注册，不属于本地企业，本地政府

就不欢迎，会对其在本地的投资经营设置种种限制，如限制其投资项目的选择、原材料的采购、商品的销售、客户服务等多项经营活动；尤其是对外地企业来说具有竞争优势而对本地市场形成竞争压力的项目，政府会针对外地企业设置重重关卡和高难障碍，如资质审查、技术评定、质量检验、产品认证等，致使外地企业在本地的生产经营出现多种困难，如非生产经营纷扰不绝、检查收费名目繁多、摊派强捐款额甚巨。在招标投标和政府采购中，地方政府对外地企业设置歧视性条件，如限定企业所在地、所有制、企业体制，以及实际难以达到的物质、技术、人员等资质标准，或暗箱操作、虚假竞标，或公开排斥、明文限制外地企业投标竞争，凡此种种，不一而足。

当前中国的市场经济已经由过去供不应求的卖方市场，变为供求基本平衡或供过于求的买方市场；地方保护做法也从过去原材料产地利用卖方资源优势堵截外地企业采购，变为很多地方利用买方市场优势阻碍外地企业销售竞争，想尽办法使本地市场为本地所用，减弱外地企业进入本地市场对本地企业产生的竞争冲击。这样的地方保护做法相比过去的设卡堵截，显得温和而隐蔽，但更为宽泛而难以辨识。各种地方保护做法增大了外地企业的交易成本，形成了隐性壁垒，破坏了市场公平竞争，使外地企业难以在本地正常经营。

2. 地方保护阻碍了跨区域市场经济活动

在市场化经济发展中，跨越不同省、市行政区的跨省都市圈产生，形成了打破行政区限制的跨区域大市场。但是由于跨省都市圈和行政区界交错重合，因此出现了不同行政区城市各自行政隶属关系的经济活动与都市圈经济相冲突的现象。行政区经济实行按行政区划为界的地区分权竞争，行政区经济的强烈竞争利益受行政区管理的硬性约束，这与跨省都市圈经济打破行政区约束的灵活自由活动方式产生了矛盾。

跨省都市圈超大中心城市周围的外省市邻近城市，一般都具有聚向大都市的向心力，希望分享大都市聚集优势资源的高水平的发展效益。但是，有的都市圈成员城市既想进入大都市圈，搭上高水平发展快车，又不想放弃自己行政区的利益，如行政级别、行政资源、地税收入等，因此做出和自己加入都市圈、追求合作共赢初衷目标不一致的不合作行为。有的跨省都市圈成员城市受行政区利益的影响，做出对都市圈中心城市的离心行为，致使中心城市在扩大发展空间的规划过程中，遭到了意想不到的抵触。有的跨省都市圈的近距离大都市，本可构建出跨行政区的、强强联合式的高水平合作发展新格局，但各大城市各自拥有的强大优势却成为对垒争强、互不合作的"隔墙"，致使跨省都市圈形同虚设，近距离强强联合愿景渐行渐远。

有的经济发达地区与欠发达地区接壤的跨省都市圈城市，具有组成强弱联合、优势互补的发展潜能，但是都市圈协调整合力不强，互补利益不均衡，跨省合作难以形成。有的发达地区中心城市利用行政权力调整产业结构，将高排放落后产业转移到欠发达周边城市，增大了周边城市产业升级的困难，产业经济落后，差距扩大。有的中心城市优势带动力不强，城市间低水平重复竞争，周边城市与中心城市经济关系变得疏远离散。有的周边省市不愿接受中心城市的外溢转移产业，采取不合作态度；有的周边城市甚至退回行政区经济，用行政区保护的旧办法阻碍都市圈跨区域经济合作的自由流动，如对都市圈内的外省企业重又采取有差别的歧视性政策，造成市场不公平。

3. 资源原材料产业主管部门直控和地方保护造成市场条块分割

市场化改革以来，市场机制作用不断增强，商品、资源供求及价格变化主要由市场机制决定。但是，资源原材料市场波动大，市场化困难较多，产业主管部门直控介入与地方保护形成条块分割，矛盾纵横交叉。钢铁、煤炭、稀土等重要或稀缺的原材料市场供求和价格不时发生剧烈波动，使条块分割矛盾更加突出。

例如，前些年，钢铁产量达到高峰后，数年间产能过剩严重，全产业陷入亏损困境。有关部门采取压减钢铁产能的政策措施，产能控制指标分派至各地，有的直接下达重点企业，对不同企业区别对待，有保有压。有关部门对地方一般钢企特别是民营钢企严令压产，而对重点企业给予保产稳产的特殊对待。地方政府设法降低本地钢铁的压产损失，对本地钢企明压暗保，民营钢企便在市场盈利空间里暗中扩产。部门和地方在各自权力范围内保护相关企业，但常常规则不一，相互抵触，条块分割，矛盾交织，直至宏观经济和钢铁市场的供求变得平稳，部门与地方的市场分割矛盾才缓和平息下来。

再如，煤炭市场波动频繁而剧烈，会波及电力、钢铁、化工等多个产业，造成部门和地方条块分割冲突迭起。2021年，产业主管部门推行煤炭去产能和减碳压产，地方上的一般煤矿、民营煤矿被关闭停产，煤炭大量减产导致市场供给不足，煤价高涨。有关部门严控电价，规定电价不得上涨，但电企不愿亏损发电。有关部门为支持电企，要求重点煤企实行低于市场价格的煤炭长协价格，长协价格由煤电企业双方根据价格长期变化趋势商议确定，但实际上政府部门主张的价格水平占主要权重，政府意图及控制执行起主要作用。长协价格低于市场价格，企图脱离市场供求影响，稳定在政府所希望的较低价格水平上，因此出现政府价与市场价分离的煤炭双轨价格。这样的价格体现了政府稳定电企发电的愿望，但挫伤了煤企的生产积极性。

重点煤企在政府控制的低煤价上没有生产积极性，地方一般煤企和民营煤企在市场高煤价上有积极性但被关停不能生产。煤炭产量更加大幅度下降，导致煤价涨得更高，煤电矛盾愈加严重，电力生产更加困难。市场机制推动供求双方朝向供求均衡点调整变化的作用发挥不出来，煤电脱节的反向变化更加严重。在此危急情况下，有关部门做出调整改变，转向更多的放活市场，放松对电价、煤价的控制，准许一定幅度上涨或完全自由上涨。更重要的是，放松对地方煤企和民营煤企的生产限制，让被关闭停产的煤企恢复生产，被封压的煤炭产能重新释放出来。煤炭生产供给恢复，煤价回落到合理水平，对电力、钢铁、化工等产业形成新的稳定供给和价格支持。

从煤炭生产供给和价格的巨大波动变化及其对电力、钢铁等产业的强烈冲击上可以看到，原材料产业市场化程度不高，管理方式传统，部门和地方条块分割、治理分裂等问题较为严重，造成市场波动起伏，宏大市场潜力不能被充分释放。

二、改革未完成与市场不完全

中国当前的市场经济是从改革旧的计划经济体制转变而来的。目前现实经济中发生的损害市场经济公平自由竞争的不合理现象，多数是受旧体制、旧观念的影响，也有很多是因为改革以来市场经济尚不完全、不完善出现的市场扭曲。中国市场化改革从有市场经济基础的沿海地区和易于展开市场竞争的加工制造业地区率先起步，市场经济薄弱的中西部地区和由计划经济体制高度控制的原材料主产区改革缓后。中国市场化改革是渐进式推进的，市场竞争性配置机制从东部地区向中西部地区、从加工制造业向资源原材料产业逐步延伸扩展，由此出现了不同地区、产业市场化程度不一致、经济运行规则和机制不统一的市场分割和机制扭曲现象。

改革开放早期，一些中西部原材料产地设障堵罚沿海加工制造业采购车辆，实际上是原材料产业市场化改革滞后于加工制造业的体制性落差所致。20世纪80年代，原材料产地设卡堵截多发时期，原材料产业所在区域很大部分实行计划经济管理，主管部门对计划管理的原材料生产销售实行定量低价控制，其余部分进入市场，从而形成了因原材料计划控制产品与市场放活产品价格和交易规则不同而相互隔断的市场。得到计划供给保证的重点企业和先行改革放活的加工制造业地区企业，进入被低价控制的原材料产地，可获得超额差价收益。而原材料产地被计划低价控制，处于缺失市场活力的低弱地位，其采用地方保护行政手段来阻截利益流失，但这致使市场堵塞不畅。市场化进展不均衡及地方保护造成了市场分割。

改革开放以来，直至现在，资源原材料产业的不同环节还多多少少留存着计划管理控制的痕迹。前文述及的2021年下半年的有关部门对煤炭价格的控制便是一例。资源原材料产业从集中计划经济管理转向市场化，涉及的体制深层矛盾及障碍困难比加工制造业更多。产业主管部门与地方政府对于资源原材料产业发展的管理视角和调控手段不同，有些方面存在很大的差异和冲突。产业部门重视减碳环保、资源原材料产业与其他关联产业的均衡发展，忌惮市场竞争情况下资源原材料稀缺性及供给不稳定导致的价格暴涨暴跌动荡，对资源原材料的不同企业采取有保有压的差异措施。地方政府看重发挥资源优势对本地经济的贡献，支持本地企业发掘自主扩张潜力，在宏观部门有紧有松、有控有放的市场空间里竞逐扩产、增收效益。在资源原材料产业发展中，主管部门和地方政府分处不同的管理位置，看待产业和市场变化的视角不同，权力范围、调控指向和实施方式不同，因此形成不同的政策作用和效应空间，在激励扩张和控制风险的相互制衡中相互弥补、相互支持，激励和约束相互兼容，则可实现既活力扩张又均衡稳定的可持续发展。如果主管部门和地方政府只是基于自己所处的位置，朝着自己的视界方向单向前行，忽视另一方的受损和冲击，缺少应有的矛盾兼容意识和偏误调整机制，则会对激励约束兼容和纠偏调整机制造成阻碍。地方政府出于地方经济利益的考量，在本地范围内极力扩张产能，而主管部门由上至下强行控制，甚至矫枉过正，双方各持一端，则造成扩张冲动和压缩管控互不相容的体制性、机制性条块分割。

为此，在新冠肺炎疫情蔓延全球，国际市场深受影响的经济形势下，中央提出建立全国统一大市场，推进市场化改革的不断深化，促进公平竞争大市场的蓬勃发展。

要建立全国统一大市场，需在以下方面发力。

1. 建立全国统一大市场，要清除计划经济体制的旧观念、旧做法

地方保护造成地方市场分割，损害市场公平自由竞争和经济发展效率，受到广泛批评，但是这种明显不合理、不正确的做法长期以来屡禁不绝。有的地方政府不以地方保护为错，认为保护本地企业就是地方政府的本职工作，就是发挥支持本地经济发展的积极作用，是对经济发展做贡献。保护本地企业就是完成发展本地经济本职任务的观念，带有以前计划经济时期地方政府行政职能观念的痕迹，缺乏对现代市场经济竞争机理及政府职能转变

的深刻理解。殊不知，地方政府使用行政管辖权对本地企业和外地企业分别采取保护和歧视的不同措施，使本地企业和外地企业处在不同的政策待遇和经营环境里，造成了体制性市场分割，损害了市场公平竞争，是对市场经济效率竞争激励机制及经济长远发展的根本损害。

推进全国统一大市场的建设，是深化市场化改革的宏大战略。地方保护、条块分割、市场竞争不公平不自由等不合理现象，是计划经济的遗留影响，对现代市场经济发展造成损耗和阻碍。如果不对市场化改革不彻底、不到位的地方进行深入改革，就无法推进全国统一大市场的建设。对于当前经济体制里还残留的计划经济的旧观念、旧做法，要进行再改革，要深挖细掘。在推进改革升级的过程中，要对现代市场经济发展进程中遇到的激励约束兼容问题，以及政府与市场关系的新变化，进行新的探讨和调整。

2. 建立全国统一大市场，要清除地方分权经济竞争中的地方保护隐形壁垒

改革开放以来，中国经济从过去中央高度集中管理转变为地方分权管理，地方财政由中央统收统支转变为各自独立核算、分灶吃饭、以收定支。各个地方政府为加快经济发展和财政增收，展开了激烈的竞争。效率上升和经济发展的同时，也出现了由消极的地方保护政策造成的效率损耗问题。有一种观点认为，地方分权刺激地方政府展开激烈竞争，产生地方保护和市场竞争不正

当、不合理的问题，根源在于地方分权改革存在地方政府过多卷入地方经济竞争的偏误。消除地方保护偏差问题的根本办法在于对地方分权体制的重新调整，减弱分权化的过度刺激和地方政府的过多权力。

然而，从改革开放以来的中国经济发展的巨变事实看，地方分权改革推动了企业市场竞争，激活了巨大的市场活力，是中国经济改革成功的重要支点。竞争激励和效率上升成为社会经济各界对地方分权市场化改革的共识。

地方分权改革竞争发展方向与地方保护躲避竞争方向完全不同，地方保护带有害怕竞争、阻碍竞争的计划经济残留意识，而地方分权改革推进了竞争高扬、公平竞争的理念。市场经济制度的根基在于自由公平竞争，任何违反自由公平竞争的行为都为市场经济制度所不容。

建设全国统一大市场的文件指出，新出现的多种多样的地方保护隐蔽做法造成市场竞争的不公平、不自由，应予以坚决清除。应当坚持现代市场经济公平竞争的统一大市场方向，构建和完善既规则统一、公平竞争，又充分自由、活力激荡的现代市场经济分权体制。在合理界定地方政府承担地方公共管理职能约束的条件下，发挥地方政府支持地方经济发展的积极作用，构建和完善在地方经济分权竞争基础上的全国统一大市场，使分权激烈竞争与统一公平竞争相辅相成。逐步调整和解决中央与地方财政收支不对称的问题，增强活力涌流的地方公共财政资源，提高地方政府的公共管理能力，营造公平竞争的良好环境，让企业从市场经济的自由公平竞争中获取效率、增进效益。

3. 建立全国统一大市场，要破解市场条块分割矛盾，构建部门、地方兼容协调发展机制

资源原材料产业从计划经济转向市场经济困难大，市场化程度低，资源原材料产地存在着产业部门与地方经济的条块分割问题，资源原材料市场供求和价格波动的利益存在较大矛盾。对于市场化程度不高、市场分割、利益矛盾等问题，有关部门和地方政府应在深化市场化改革中寻求解决之道。

由于矿产资源的不可再生性及稀缺性，国家对矿产资源的开采实行行政审批管理制。采矿权人经国家主管部门组织招投标及审批，并缴纳资源税等税费，以订立合同的方式获得采矿权。采矿权的获得和行使过程，既有行政因素，也有市场交易性质。采矿权人既要服从有关部门的行政管理，也具有市场公平竞争的权益。国家主管部门既行使合理保护资源可持续发展的行政职能，也要遵守市场经济公平交易的契约守信规则。推进资源原材料产业市场化发展，发挥政府主管部门必要的行政管理职能，要朝着有利于市场机制更好运行、资源产业更合理有效和可持续发展的方向发挥作用。要尽量减少行政措施，提高行政管理水平，防止行政措施对市场机制造成扭曲性的损害，对地方经济造成矛盾冲击。

要破除资源产业管理中留有的计划经济体制性质不适合市场经济公平竞争的差别歧视规定和计划经济观念影响，如规定国有

矿产企业保持主导核心地位，对重要矿区有专属开采权等；又如，采矿权的招标投标对不同所有制形式的企业设置不同规定，对民营企业设置较多限制等；再如，资源原材料市场发生波动变化时，主管部门采用包括行政措施在内的各种措施，重点支持和优先保护国有企业，控压地方一般企业和民营企业，等等。对于资源原材料产业法规中对不同所有制形式企业的差别歧视性不合理规定，应根据市场化改革以来，多种所有制形式企业共同发展、公平竞争的实践新发展，做出修订；清理和撤除采矿权招标投标、压减产能、减碳环保、安全生产管理过程中的差别歧视，特别是要对普遍存在的不顾企业实际生产管理水平及经营效益，只按所有制形式保国企压民企的不合理、不平等的做法，进行清理整治。

资源原材料产业主管部门和地方政府要提高行政管理水平及其与市场机制结合的融洽度，朝着有利于市场机制发挥基础性、决定性作用的方向提升改进。2021年年底面对煤价市场性上涨变动而电价行政性控制不变的矛盾，有关部门放松电价控制，电力企业可根据煤电市场供求变化情况一定幅度上调电价，缓解和解决了电价控制不变造成的煤电僵持、供电不足矛盾。2022年年初，主管部门发布新的煤炭长协价格，增大市场价格变化影响因子，政府部门在市场动荡时采取了减震措施，更多靠近市场，协调煤电矛盾，使其朝市场均衡点方向发展。但是，目前长协价格还存在政府指导因素权重较高的问题，长协价格与市场价格差距较大。应减少或完全退出政府对价格的控制影响，让市场机制更舒畅、更充分地发挥作用。

要进一步推进资源税改革调整。在石油资源税已取得从从量征收到从价征收的成功进展基础上,尽量将合理规范的资源税制度向煤炭、稀土等更多矿种和地区扩展延伸,平缓稀缺资源原材料价格的波动,增强资源产区的财政收入和经济效益均衡发展能力,建立地方经济和产业主管部门的利益合理共享机制。资源原材料产业市场化改革要朝向地方经济和产业部门相互协调、相互兼容、既有活力又均衡发展的方向推进。

要破除各种形式的地方保护壁垒,推进各地开放竞争。市场化改革推进了市场的竞争及效率的提高。企业跨地区竞争经营,提高了所进入地区的产出、财政税收,增加就业等资源供给力,同时增大了当地市场的竞争强度。有的地方面对竞争,变换方式对本地和外地企业分别采取隐蔽难辨的偏袒和歧视措施,增大了破除壁垒的难度。深化市场化改革,推进统一大市场建设,就是要提高地方经济的市场化水平,不断提高自我辨别和反对花样翻新的隐蔽性地方保护的能力。地方政府要有对地方保护的危害性和竞争发展的长远利益的清醒认识,要深切认识到保护本地市场、本地企业会导致竞争机制弱化、竞争力衰退,对地方经济的发展会造成根本性的损害。要彻底清除计划经济管控市场竞争的旧观念,扫除惧怕和躲避竞争的惰性保守心态,对于任何偏袒和保护本地利益、歧视和阻碍外地企业竞争的行为都要拒绝和反对,树立竞争至上、效率优先的市场竞争风尚,激发市场竞争活力,在开放竞争中获得与时俱进的发展。

推进跨省都市圈经济发展，促进跨区域经济合作竞争发展。跨省都市圈打破了省行政区界束缚限制，使圈内不同省市的城市获得跨区域经济发展效益，但是跨省都市圈发展中仍然存在诸多矛盾和问题，需要在继续推进都市圈经济发展的道路上不断探索解决问题的方法。

对于跨省都市圈因圈域范围和行政区划不一致引起的利益差异和矛盾，要侧重于从推进建设发展都市圈经济的角度去协调和排解。跨省都市圈根据城市经济紧密关系形成组建而成，其打破要素资源流动障碍、促进配置效率提高的机制效应比行政区经济更具合理性。在跨省都市圈行政区划与都市圈域交叉重合、行政区管理与跨省协调机构并行共管的新型体制条件下，跨省都市圈协调机构在协调跨行政区经济关系和矛盾方面要发挥主要作用，探索建立有合作规则和约束力的协调机制，使都市圈协调机构具有合议公约所赋予的协调权能，以使都市圈经济在遇到行政区不合理壁垒障碍时，有足够力量去破解。

都市圈是城市与城市间在经济密切联系和自主协商基础上组成的经济合作联盟。都市圈城市出于合作意愿和互惠互利共同组建都市圈，作为成员城市，理应自然而然地遵守符合自身意愿的都市圈合作互惠规则，维护和增进城市间的紧密联系和合作促进。成员城市受都市圈协议规则的约束，其不符合都市圈经济合作规则的不合理行为，要受到协调机构的质询批评和规范调解。

另外，要重视研究跨省都市圈的成功发展范例。例如，长三角地区的上海都市圈、南京都市圈等跨省都市圈城市紧密合作、竞争发展，要素资源跨区流动配置，共享跨区域规模效益。长三角都市圈内有的不同省市城市间经济紧密程度超过圈外同省城市，中心城市高端研发现代服务业与周边城市高科技产业先进制造业交错互补、紧密合作，各具优势竞争发展。中心城市的高端研发获得周边城市先进制造业雄厚基础的支持和巨大市场的规模效益，周边城市的制造业获得中心城市高端研发的引领和提升。跨区域经济发展大潮汹涌澎湃，冲荡行政区的壁垒障碍。先进制造业和高新技术产业在广阔地区集群崛起，密集城市群在紧密合作竞争中同行共进。有关部门和各地政府可以根据自身的实际情况，吸收和借鉴长三角地区跨省都市圈的成功发展经验，将其扩展到更多城市、更大范围，将真正打破行政区划、畅联大市场的经济模式扩展到全国广大地区。

恰当定位政府与市场的关系，构建政府作用与市场机制各司其职、交相共处的大市场体系。现代市场经济中，政府作用与市场机制分具不同的角色和功能，有时相互交融、珠联璧合，有时相互矛盾、冲突尖锐。建设公平竞争、活力焕发的统一大市场，要发挥好政府与市场共同促进全国大市场繁荣发展的作用机制。

政府发起建设统一大市场的政策，起着启动和引领作用。中国广阔市场活力和潜力的释放，在于市场机制的要素自由流动和竞争激励效应。政府启动和引领统一大市场建设，不是某些人担忧的政府统管市场、用政府的集中统一计划控制代替市场的分散自主决策和充分竞争，而是中央政府要破除地方政府保护壁垒造成的市场分割，要建设竞争公平、规则统一、资源要素自由流动的全国超大规模市场。建设统一大市场，要在维护自由公平竞争的市场经济基本制度基础上，恰当定位政府与市场的关系。

市场竞争机制在市场经济中处于基础性、决定性地位，市场主体的自由竞争活动构成有活力、有效率的市场经济。政府在市场经济中发挥公共管理职能，维护市场自由竞争、要素和商品通畅流动，反对不公平的歧视障碍阻隔。政府部门和市场主体一样，受市场经济制度约束，限定在市场经济制度界定的政府公共管理职能范围内发挥作用，不深涉企业经营。产业主管部门的产业政策要合乎公共管理规范，对不同企业不偏袒、不歧视，不以公权力介入企业微观经营，造成不公平竞争及效率下降。2022年上半年，煤炭、钢铁、电力等有关政府主管部门面对市场波动，做出了新的调整和改进，让市场机制更多发挥作用。资源原材料市场的供求从剧烈波动走向平缓稳定，市场机制起了根本性、决定性的作用。

要想探索产业主管部门的产业政策与地方经济竞争中相互制衡、相互协调的发展之路，政府就要不断提高维护市场经济公平竞争制度的公共管理水平，要让市场机制充分发挥效率激励和供求互动机能，激发中国经济超大规模市场的巨大活力和潜力，在国际大循环市场竞争中获取更大进展。

明确市场化标准，护航统一大市场方向

滕　泰

（万博新经济研究院院长）

张海冰

（万博新经济研究院副院长）

不久前，《中共中央 国务院关于加快建设全国统一大市场的意见》（以下简称《意见》）发布，这是我国进一步推进市场化改革的重要战略部署。然而，在《意见》出台以后，很多学者却纷纷撰文论证或澄清"建设全国统一大市场不等于搞计划经济"，这是否反映了从学术界到企业界的一种普遍的担忧？引发这种担忧的，既有根深蒂固的观念认知原因，也有深厚的体制原因——"有效市场"缺乏相应的体制力量来维护；而"有为政府"的权力有体制保证，但缺乏足够有力的约束。

要确保统一大市场建设过程中坚持市场化方向，就需要明确衡量建设和改革成效的标准。如果能以破除供给约束堵点、降低交易成本和要素供给成本、完善支持性的市场化制度基础设施、促进国内国际双循环为标准，将建设全国统一大市场作为全面深化市场化改革的新契机，排除各种非市场力量和思维的干预和干扰，中国的市场化改革就一定能够推进到更加深入和高效的新阶段。

一、让市场发挥决定性作用，知易行难

从计划经济，到社会主义市场经济，再到加入世界贸易组织深度融入全球市场，市场化是中国改革始终坚持的方向。四十多年来，在市场化改革推进顺利的阶段，中国经济发展和增长的情况往往较好；而当市场化改革进程缓慢或受到非市场化因素干扰的时候，经济增长往往受到抑制。

2013年11月，党的十八届三中全会提出，"紧紧围绕使市场在资源配置中起决定性作用深化经济体制改革"，"让一切劳动、知识、技术、管理、资本的活力竞相迸发，让一切创造社会财富的源泉充分涌流"，全会谋划了15个领域60个方面的改革任务，成为中国深化改革的新起点。2015年，中央财经领导小组第十一次会议上正式提出"供给侧结构性改革"，2016年1月，习近平总书记再次明确指出"供给侧结构性改革，重点是解放和发展社会生产力"。

围绕十八届三中全会提出的改革任务和供给侧改革的市场化方向，中国在很多方面放松了供给约束——在劳动供给约束方面，从放开"二孩"到全面"三孩"，并且至少有15个省份已经提出全面放开落户限制；在放开金融供给约束方面，资本市场的注册制顺利推进；在土地供给约束方面，"集体经营性建设用地

入市""农村宅基地制度改革""统一全国城乡建设用地市场"在探索中推进；在制度与管理方面，中国特色现代企业制度不断完善，市场化机制改革不断深化；在市场准入方面，"全国一张清单"管理模式全面确立，禁止准入和许可准入事项逐步减少；通过"放管服"改革取消了一大批行政审批事项。

如果在全面深化改革和推进供给侧改革的实践中，能够始终坚持市场化方向，全面破除各种要素供给约束和产品供给约束，降低要素供给成本，提升要素供给效率，激发新供给、创造新需求，中国经济的潜在增长率一定能有所提高。

然而，在全面深化改革和推进供给侧改革的过程中，也出现了一些部门和地方不能从改革生产关系、解放生产力的高度去降低要素供给成本，让市场发挥决定性作用，而是片面重视非市场化的供给侧干预措施，甚至把一些"调结构"的具体措施与市场化改革或供给侧改革的概念混同，造成很多认知和执行偏差。

例如，前些年去过剩产能政策，其初衷原本指向那些靠财政补贴维持的"僵而不死"的企业，在执行中却变成"运动式""一刀切"向民营企业开刀，很多行政认定和强制退出、未立先破或破而不立的做法，使很多正常经营的企业受到损害，实际上形成了经济收缩效应，加重了经济下行压力，并导致社会公众和市场主体对供给侧改革的内涵理解也出现了偏差和误解。

又比如，在资金、土地等要素的投放和使用中，相关部门不相信市场作用和要素流动必然遵循的收益/风险规律，认为只有通过行政计划手段才能实现所谓"精准投放"，结果造成资金和土地等要素供给成本迟迟不得降低。

总之，近几年中国经济增速一直未能摆脱下行趋势，原因是多方面的，但是市场化改革知易行难，某些非市场化的力量对经济运行时时有所干扰，也不得不引起深刻警惕。

二、让市场发挥决定性作用，约束干预市场的力量

为什么在让市场发挥决定性作用和推进供给侧改革的过程中，会出现这么多的行政干预、"一刀切"、不尊重市场规律的做法？这既有根深蒂固的观念认知原因，也有深厚的体制原因。

在观念认知上，很多人潜意识里仍然摆脱不了发挥政府作用就是有计划、按比例地调结构的计划经济思想影响。中国改革开放的实践、各国经济发展的历史，以及经济学的理论研究都已经证明，市场机制在绝大多数情况下是有效的，"有为政府"的作用不是任意干预市场，也不是由政府行政干预手段取代市场，而是要消除那些妨碍市场在资源配置中发挥决定作用的因素，建立市场化基础设施，并在严重"市场失灵"时发挥拾遗补缺的作用。

中国推进市场化的经济改革四十余年，之所以还会出现各种强力干预市场的行为，除了上述观念上的原因，还有深刻的体制性原因。

有学者指出，如果我们的经济管理部门中存在一套与市场争夺资源配置权的机构设置，那么这些机构总会找出需要通过自己的努力来调结构的理由，总会找到只有通过自己的努力才能促增

长的证据,"让市场在资源配置中发挥决定性作用"就会是一个永远达不到的改革目标。

"有效市场+有为政府"本身的表述虽然不偏不倚,非常全面,但在实际操作中,"有效市场"常常没有维护的体制力量,而"有为政府"的权力不但有体制保证,且没有足够有力的约束。

由于上述认知偏差和体制性原因,很多深化市场化改革的政策在落地过程中被选择性执行,结果很多长期沉淀的计划经济"沙砾"并未如期消除,甚至在某些领域又增添了新的供给约束。这些供给约束中,涉及要素供给的有对人员旅行和劳动力流动的限制、对土地供给的人为限制、对资金要素流向的行政限制和窗口指导等;涉及产品供给的,主要表现为各种各样的行政垄断、行业准入和服务限制。上述要素和产品供给约束,在实践中阻碍了要素流动和市场化资源配置,延缓了中国经济的供给结构升级,使中国经济的潜在增长率难以提高,甚至造成很多领域未立先破,破而不立——"新的吃饭家伙还没拿到手,把手里吃饭的家伙先扔了",企业普遍反映生意越来越难做……如果不能明确行政干预市场的禁止性标准,让市场发挥决定性作用就可能流于空谈。

三、四大标准护航市场化改革方向

习近平总书记曾指出,啃硬骨头多、打攻坚战多、动奶酪多,是新一轮改革的特点;全面深化改革,首先要"刀刃向内"、敢于自我革命，重点要破字当头、迎难而上。

什么是"刀刃向内"的自我革命？就是以生产关系和政府管制为对象的改革，例如由人民公社体制向家庭联产承包责任制的改革，由计委管理的国营工厂向承包制、租赁制乃至公司制、股份制企业的改革，大幅减少行政审批事项的改革，放开行业准入、大幅降低准入门槛和所有制限制的改革等，都是"刀刃向内"的自我革命。而那些以市场为对象、企业为对象的改革政策，都是"刀刃向外"的真干预、假改革，是新的行政干预和供给约束，是人为增加了阻滞经济运行的新"沙砾"。

建设全国统一大市场，是再次深入全面推进市场化改革的重要契机和实践，我们应当把握住市场化的基本方向，避免走入社会和公众所担心的舆论误解和实践误区：建设全国统一大市场不是搞统购统销，不是回到计划经济，更不能用计划经济的思维和手段来建设统一大市场。

为了坚持市场化方向，建设统一大市场，必须确立市场化方向的衡量标准，例如：

建设全国统一大市场，可否以破除多少供给约束堵点为标准？在建设统全国一大市场的过程中，应当将破除能源、通信、金融甚至交通运输、商业、服务业等领域存在的各种行政性垄断现象、减少专营权管制作为重要任务，把破除阻滞经济运行的地方保护主义作为主要任务。各地在市场准入、政府采购、工程项目等方面存在的地方保护主义政策多如牛毛，而且很多都是"土规矩""潜规则"，需要下大力气发动多方面力量才能消除。在疫情防控过程中，各种层层加码的"土围子"阻碍了人员流动、增加了货物成本，也是当前建设全国统一大市场的严重障碍，应当予以坚决破除。

建设全国统一大市场，可否明确以降低交易成本和要素供给成本为衡量改革成效的标准？多年来，居高不下的交易成本和要素成本让存量企业不堪重负，让创业群体裹足不前，应当逐步放松城市土地供应，转变束缚货币政策的过时观念，全面落实公共服务均等化改革，降低要素供给成本，减轻企业创业、经营的负担，要坚持深化"放管服"改革，不断减少行政审批事项，实质性降低制度性交易成本。

建设全国统一大市场，可否以完善了多少支持性的市场化制度基础设施为标准？市场经济的平稳运行需要一系列的"软基础设施"的保障，如产权登记和交易体系、知识产权保护机制、商业纠纷和诉讼处理、市场监管和质量监督机构、反垄断和防止不正当竞争机制，等等。目前国内的"软基础设施"整体水平不高，且地域差异非常明显，亟须形成统一高效的市场化制度基础设施。

建设全国统一大市场，可否以全面扩大对外开放、促进国内国际双循环为标准？中国经济的发展既需要国内市场和资源，又同样需要国际市场和资源，正如国家发展改革委近期撰文指出的，"全国统一大市场作为构建新发展格局的基础支撑，决不是关起门来封闭运行的国内大市场，而是以畅通国内大循环为基础、有效利用全球要素和市场资源、使国内市场与国际市场更好联通、充分开放的强大国内市场……在更大范围、更宽领域、更深层次实施对外开放,有序扩大统一大市场的影响力和辐射力"。

总之,无论是让市场在资源配置中发挥决定性作用、深化供给侧改革,还是建设全国统一大市场,其真正内涵,都是市场化的经济体制改革,都是通过改革生产关系来解放生产力。无论何时何地,衡量市场化改革的成效标准都应该是破除了多少非市场化的供给约束、是否降低了要素供给成本、是否完善了市场化制度基础设施、是否促进了对外开放,而不是干预了多少次市场和企业、制定了多少新规则、形成了多少新规定。只要不偏离这些市场化的方向和标准,只要"紧紧围绕使市场在资源配置中起决定性作用深化经济体制改革",持续放松供给约束、突破供给约束堵点、解放生产力,就一定能够实现十八届三中全会以来提出的"放手让一切劳动、知识、技术、管理和资本的活力竞相迸发,让一切创造社会财富的源泉充分涌流",推动中国经济进入新的增长周期。

改革、开放、创新[1]

黄奇帆

（重庆市原市长）

今年（2022年）以来，受新冠肺炎疫情的冲击、俄乌冲突、主要发达国家通胀高企等多重因素影响，世界经济的复苏增长严重受挫，全球性、系统性的经济和金融风险持续累积。而当前我国经济也面临需求收缩、供给冲击和预期转弱三重压力。在这样的大背景下，只有认真办好自己的事，推动和实现高质量发展，才能有效对冲各种风险和挑战，真正推动和实现"两个大局"。而实现高质量发展，我认为要坚定不移地办好改革、开放、创新三个方面的事。

一、坚定不移深化改革，疏通国内大循环的堵点

改革涉及多个方位，当下改革的重点就是建设全国统一大市场。这是进一步释放中国经济超大规模单一市场潜力、形成世界

---

[1] 本文为作者在"2022宏观形势年度论坛夏季年会"上的闭幕演讲。

经济强大引力场的头等大事，需要我们以改革的思维、务实的措施消除经济系统中客观存在的体制性、机制性障碍和内循环的政策性梗阻，以新政策、新应用拓展市场新空间。从现实来看，当下至少有八个方面的体制性、基础性的问题，形成了国内市场大循环的堵点。

一是地区间过度竞争产生的负面效应。地区间的相互竞争、比拼经济增速和规模被认为是中国经济持续高速增长的内在动力之一。这是地区竞争带来的积极效应。但地区竞争也有负面效应，低水平重复建设、地方保护等阻碍了市场优胜劣汰功能的发挥。近年来，随着供给侧结构性改革的推进，这种现象有所减少，但仍然在一定范围内客观存在。

二是城乡二元架构导致市场分割。这表现在要素配置方面，劳动力在城乡、区域间的流动仍有不少束缚，农村集体经营性建设用地入市机制还在探索中。在商品服务方面，一些地方在农村流通的商品与在城市的同类商品看上去很像，但质量标准差得很远，甚至部分就是假冒品牌、劣质商品。在交通物流、市场设施和公共服务等方面，城乡之间差距比较显著，制约着商品、要素的自由流动，反过来加剧了发展的不平衡。

三是部分领域行政配置资源的色彩仍然浓厚。比如在能源领域，油气进出口仍然高度管制。中国是能源进口和消费大国，却在能源定价上缺乏话语权，这与我们的高度管制政策有关。再比如在电力领域，2021年出现了大规模电荒，就是上网电价与煤炭价格配置不平衡造成的。国家为此推出了有序放开全部燃煤发电电量上网电价，电力市场化改革迈出了重要一步。此外，还有一些领域存在不同程度的"玻璃门""弹簧门"现象，一些领域的市场准入，不同地方的政策各不相同，企业在一个地方能注册，但换个地方就不行，等等。

四是物流体系不够畅通，物流费用居高不下。2020年中国社会物流总费用占GDP的14.7%，显著高于全球平均水平；而美国的物流费用只有GDP的7%，欧洲、日本在6%~7%，东南亚发展中国家也只有10%左右，物流成本偏高已是社会共识。基本原因有三：一、铁路运量比重低，目前仅占总运量的9.5%，公路、水路分别占74.3%、16.2%（美国铁路运量的比重是20%）。一般来说，铁路运输的成本是高速公路运输成本的三分之一，如果把铁路运量的比重提高到15%~20%，将有效节约物流成本。二、公路收费高。一些高速公路收费几十年了，到期了还在收费；而发达国家的高速公路一旦BOT[①]收费期满，就停止收费。三、多式联运效率不高，还没有实现基础设施软硬件的无缝对接。

五是部分行业存在人为的限行、限购等政策性梗阻。过去几年，国家治理过剩产能取得了显著进展，但仍有不少行业受到

---

① BOT（Build-operate-transfer），即建设—经营—转让，是私营企业参与基础设施建设，向社会提供公共服务的一种方式。中国一般称之为"特许权"，是指政府部门就某个基础设施项目与私人企业签订特许权协议，授权签约方的私人企业（包括外国企业）承担该项目的投资、融资、建设和维护等一系列工作。在协议规定的特许期限内，许可其融资建设和经营特定的公用基础设施，并准许其通过向用户收取费用或出售产品以清偿贷款、回收投资并赚取利润。政府对这一基础设施有监督权、调控权，特许期满后，签约方的私人企业将该基础设施无偿移交给政府部门。

限购、限行、限牌照等简单的政策手段的限制，一些本来可以满足的需求得不到释放。比如汽车行业，根据世界银行的数据，2019年每千人拥有汽车量为美国837辆、德国589辆、日本591辆，一些东南亚国家如马来西亚也能达到433辆，而中国仅173辆，应该说市场前景十分广阔。但在一些地方，老百姓明明有很强的购车需求，却因为限号、限牌政策而买不了车。现在一些城市写字楼已经出现产能过剩，而楼房型的立体停车库在我国几乎是空白，从规划上把原来要建的部分写字楼调整为立体停车库，既可以拉动消费，又可以平衡市场。

六是部分技术标准滞后抑制了需求。我国是当今世界钢铁装备生产线产能最大，但产能利用率较低的国家；同时，我国又是全球钢铁蓄积量不足，废钢炼钢循环经济比重偏低的国家。目前我国钢结构产量仅占我国钢产量的7%~8%，而欧美等国家（地区）这一比重约为40%。提高各类建筑中的钢结构比重，将显著扩大钢材需求，有助于消纳这些先进的"过剩"产能。现在的钢筋混凝土房屋一般寿命为40~50年，钢结构房屋寿命可长达100年以上。提高建筑用钢标准、推广使用钢结构，既可以使我国现有的钢铁产能得到充分利用，又可以大幅提升房屋质量、延长房屋寿命，长远来看，还能形成废钢炼钢的循环经济，也有利于抗震减灾，等等，一举多得。

七是要素市场化改革亟须提速。由于种种原因，土地、劳动力、资本、技术等生产要素市场在运行过程中不同程度地存在行政干预过多、市场化运作不畅、资源配置效率不高等问题。目前正在实施的"探索建立全国性的建设用地、补充耕地指标跨区域交易机制""放开放宽除个别超大城市外的城市落户限制，试行以经常居住地登记户口制度"等措施有利于提升要素流动性，有利于引导各类要素协同向先进生产力集聚。有关要素市场化改革亟须按中央的政策措施加大推进力度。

八是国有资本内外循环有待打通。2020年，全国国有企业资产总额268.5万亿元，国有资本权益76万亿元，99%的股权资本是工商产业型资本，总资本回报率和全要素生产率都不高。按照十八届三中全会关于国企改革要从管资产向管资本转变，建立一批资本投资运营公司，推动混合所有制发展的要求，从现有国有资本中划转10万亿元左右的股权资产，来组建若干个国有资本运营公司，让这些运营公司像新加坡淡马锡或股权基金那样专注另类投资、股权投资，根据被投资企业的效益来决定进退，既能盘活国有资本，又能推动混合所有制发展，促进国有资本在国民经济中的循环畅通，扩大国有资本在国民经济中的影响力、带动力、控制力。

推动以上这八个方面的改革，党中央早有部署：从十八届三中全会的《中共中央关于全面深化改革若干重大问题的决定》到2020年3月发布的《中共中央 国务院关于构建更加完善的要素市场化配置体制机制的意见》，再到2020年5月发布的《中共中央 国务院关于新时代加快完善社会主义市场经济体制的意见》，再到2022年4月发布的《中共中央 国务院关于加快建设全国统一大市场的意见》，这些重磅文件提出了许多生财型、聚财型和资源优化配置型改革，既具有针对性和前瞻性，又具有极强的战略意义。在当下经济增长和财政收入因疫情而大幅下降的背景下，落实好上述文件精神，认真推动一批不花钱或少花钱却又能带来巨量红利的改革，不仅符合经济社会实际，也有利于复工复产、激发企业活力、助力经济循环。

二、坚定不移扩大开放，用足用好 RCEP① 开放红利

开放同样涉及各个方位，当下中国开放的重点是 RCEP 的落实。RCEP 将为中国的产业发展带来五个方面的发展机遇。一是绝大多数商品实行零关税，有利于扩大优势产品出口。二是服务贸易准入门槛降低，为中国发展数字贸易、知识产权服务、研发设计服务、跨境物流等生产性服务业，以及生活服务、文化服务、旅游服务等生活性服务业，提供了良好的条件。三是原产地累积规则的深入应用，有利于深化区域内产业分工、优化产业布局。四是有利于高质量"引进来"，加快形成具有国际竞争力的产业链集群。五是有利于高质量"走出去"，推动高水平共建"一带一路"建设。

但是，这些红利、好处的产生需要各地方各部门用好、落实

---

① 区域全面经济伙伴关系协定（Regional Comprehensive Economic Partnership, RCEP），即由东盟十国（成员国有马来西亚、印度尼西亚、泰国、菲律宾、新加坡、文莱、越南、老挝、缅甸和柬埔寨）发起，中国、日本、韩国、澳大利亚、新西兰共同参加，通过削减关税及非关税壁垒，建立15国统一市场的自由贸易协定。

好。建议各地方从以下几方面深化 RCEP 政策推广和应用。

（一）推动 RCEP 规则在政策制度层面加快落地。要系统梳理地方性的法规制度，落实 RCEP 在营商环境改善、服务贸易和投资部门开放等方面的强制性义务，同时还要着力建设市场化、法治化、国际化的营商环境。对于那些没有被自贸试验区覆盖的地方，RCEP 的签署就相当于也享受到了自贸试验区的政策，所以不要等、靠、要，要主动对接、适应。那些已经批准的自贸试验区要在这个基础上有更高的对标要求，加快健全以贸易自由、投资自由、资金自由、运输自由、人员从业自由为重点的政策制度体系。

（二）支持扩大货物贸易。鼓励企业加强 RCEP 原产地累积规则的应用，支持社会专业机构为重点企业提供 RCEP 原产地累积规则定制化服务，包括国别关税筹划、锁定高税差产品、将原产地规则纳入生产管理、开展进口关税优惠应享未享情况调查、提供切换协定运用建议等。鼓励企业深挖对 RCEP 国家的进口需求，引导企业在产品同质同价的情况下优先采购 RCEP 国家产品，围绕 RCEP 国家的消费特点研发新产品、开发新市场。推动货物通关便利化，完善通关模式，简化产品预审手续，培育 RCEP 规则下的"经核准出口商"。

（三）扩大服务业开放，支持发展服务贸易。对教育培训、卫生医疗、物流配送、文化创意、科研创新、知识产权服务等领域，对银行、证券、保险、产业链金融等金融行业，对跨境的物流配送、售后服务等生产性服务业，以及各类进出口货物贸易相伴随的服务贸易，进一步放宽准入门槛，实行全方位、宽领域、多渠道的服务业开放。要加快发展与货物贸易相伴随的银行、证券、保险、保理、租赁、金融结算，以及跨境发债融资、投资、并购、跨境资金集中运营等业务。同时，进一步优化与RCEP成员之间的物流体系，建设面向RCEP的服务贸易信息平台、技术服务平台、培训服务平台和融资服务平台等公共服务平台体系。在自贸试验区内落实"简税制""低税率"的要求，吸引一大批专业性强、效益利润好的高端生产性服务企业和专业人才。

（四）支持开展离岸贸易、转口贸易、数字贸易等。支持企业应用RCEP规则开展服务外包，发展离岸贸易、转口贸易、数字贸易、跨境电子商务等新型服务贸易。对于合理的离岸转手买卖业务，海关可以根据国际惯例对贸易合同货单、贸易清算结算税单和物流仓储货单实行三单分离审核。以这些政策带动加快发展保税展示进口贸易、转口贸易、离岸贸易、跨境电子商务贸易、数字贸易、服务贸易等。在保证国家安全的前提下，放宽大数据、云计算、人工智能及其数据处理中心领域的准入门槛，减少限制范围。

（五）支持开展双向投资。在"引进来"方面，注重开展全产业链招商，重点招引掌握"三链"的跨国公司，同时用好开放政策将其上下游一并引进来，力争在100公里半径范围内打造空间上高度集聚、上下游紧密协同、供应链集约高效的产业链集群。同时，还要注意引进RCEP国家的知名高校、研发机构和世界500强跨国企业来华建立独立研发机构。在"走出去"方面，一是要用好RCEP原产地累加规则来优化区域产业布局，在推动优势产能走出去的同时，用足用好税收优惠政策，鼓励企业将价值链结算环节留在国内；二是要大力支持中国企业到RCEP成员国投资，收购科技创新企业、知名品牌、优质矿产资源项目等。

以上五个方面，是各地方可以起而立行的，做好了也是可以产生万亿级红利的，要加快落实。最近注意到，美国联合十几个国家搞出了一个"印太经济框架"（IPEF），意图推动产业链、供应链去中国化。目前IPEF的14个成员国中，除了美国、印度和斐济外，其他11个国家都是RCEP成员国，而中国恰恰是这11个国家的最大贸易伙伴。只要我们坚定不移地扩大开放，认真落实好、用好RCEP的开放规则和政策，中国与其他RCEP国家的产业链、供应链联系只会更紧密。2021年9月16日，中国正式提出申请加入CPTPP[①]；2021年10月30日，习近平主席宣布决定申请加入DEPA[②]。可以说，中国正在朝着更宽领域、更深层次、更高水平开放全面迈进，以开放倒逼改革，促进发展的新浪潮即将到来。任何想在产业链、供应链上让中国与世界脱钩、去中国化的图谋都不会得逞。

---

① 全面与进步跨太平洋伙伴关系协定（Comprehensive and Progressive Agreement for Trans-Pacific Partnership，CPTPP），是美国退出跨太平洋伙伴关系协定（TPP）后该协定的新名字。
② 数字经济伙伴关系协定（Digital Economy Partnership Agreement，DEPA），由新加坡、智利、新西兰三国于2020年6月12日线上签署，是旨在加强三国间数字贸易合作并建立相关规范的数字贸易协定。

三、坚定不移强化创新，提高全要素生产率

创新也是涉及多方位的，当下创新的重点要集聚在全要素生产率的提高上。改革开放以来 40 多年的经济增长，很大程度上得益于资本和劳动力的投入拉动。但是目前，中国政府和企业的负债率已经很高，不论是旧城改造、基础设施建设、工业投资、房地产投资，再通过大规模借债进行大量资本投资，对于经济增长的作用已经减弱；在劳动力方面，城市化率到了"天花板"，老龄化在加深，劳动力供给也下降了。应该注意到，虽然中国的 GDP 总量已经达到美国的 76%，但我们的全要素生产率仅有美国的 40% 左右。与其他发达国家日本、德国等比较，中国的全要素生产率仅仅是日本的 63%、德国的 44% 左右。而且，值得注意的是，自 2008 年以来，中国的全要素生产率的增速趋于下降。因此，保持中国经济持续、稳定、健康增长，需要全力提升全要素生产率。除了要坚定不移深化改革、扩大开放，在国内国际双循环中提升资源要素配置效率外，还要坚定不移地强化创新：不仅仅要重视科技创新，更要重视体制机制创新、产业组织创新。我们要在产业链、供应链、创新链等产业组织层面有新的迭代升级，有更高质量的产业体系才能在新一轮科技革命和产业变革中占据主动，才能发挥中国作为最大规模单一市场，内外循环相互促进的优势。为此，应重点抓好以下三个方面。

一是持之以恒加大基础研究投入。这是创新的"0—1"阶段，

是实现原始创新、基础创新、无中生有的科技创新所必需的。这方面我们有很大短板：尽管我国全社会研发投入已经占到 GDP 的 2.44%，总量在全世界排第二，但投向较为分散；一些需要长期投入的基础研究领域（如为"核高基"提供支撑的领域）投入占全部研发费用比重长期徘徊在 5%~6%，与世界主要创新型国家多为 15%~20% 的比例差距较大。"十四五"规划纲要已经提出，要在"十四五"末期将这一比例提高到 8%。我们期待在此基础上，再经过十年能将基础研究投入占研发经费的比重提高到 15% 左右的水平，并在以后继续逐步提高。

二是培育"专精特新"中小企业。进入新发展阶段，中国的中小企业不能停留在"杂、散、小"阶段，要重点培育以下三类"专精特新"中小企业。第一类是产业链中起到卡位作用的企业，在核心基础零部件及元器件、关键基础材料、先进基础工艺和产业技术基础等领域主营业务突出、竞争力强、成长性好，这是我国形成更具韧性、更加安全的工业体系，建设制造强国的关键所在。第二类是各行各业的隐形冠军，长期专注于某一个细分领域，做到生产技术或工艺全球领先、市场占有率位居全球前列、在行业内起到核心导向作用，往往掌握着某一行业的定价权，控制着整个产业链中 30% 甚至 40% 的产值，影响整个行业的利润水平。第三类是专业从事生产性服务业的企业。国际制造业领军企业大都已向服务型制造转型。目前，服务收入已占世界 500 强中制造企业总收入的 1/4。随着中国制造业服务化、绿色化、集群化和智能化，需要一大批专业从事研发设计、仓储物流、供应链金融、信息技术、节能环保服务、检验检测认证、商务咨询、电子商务、人力资源等的中小企业。

三是要培育中国自己的生态主导型的"链主"企业。这些企业往往以知识产权为基础来组织全球价值链，已进化成了特殊的商业组织。当前，中国在部分领域已有此类企业出现，我们要倍加珍惜。其一要用中国大市场为这类企业推广应用、迭代技术提供强有力的支持。其二鼓励这类企业树立全球视野，根植全球化基因，通过搭建国际交流、项目合作和市场开拓平台，帮助这类企业在全球开展知识产权、行业标准的布局。其三强化知识产权保护。生态主导型的"链主"企业的共性特征是在底层技术上形成自主的知识产权，支持此类企业发展壮大，强化其知识产权保护就是从根上对其竞争力形成有效保护，这方面需要持续加强。

从 2020 年到 2035 年是百年未有之大变局的关键阶段。只要我们牢牢抓住这个重大机遇，集中力量办好自己的事，坚定不移抓好改革、开放、创新这三件大事，眼前遇到的疫情冲击、俄乌战争、地缘竞争甚至个别国家对我国的打压，就都不是事儿。我们要"不畏浮云遮望眼"，以深化改革、扩大开放、创新发展的实实在在的新成果，扎扎实实推动和实现国民经济再上新台阶，努力实现伟大的中国梦。

第五章

统一大市场促进国际化之路越走越宽广

全国统一大市场拒绝关门主义

白 明

(商务部研究院国际市场研究所副所长)

2022年4月10日,《中共中央 国务院关于加快建设全国统一大市场的意见》(以下简称《意见》)发布。至于要在全国范围内加快建设什么样的统一大市场,《意见》用三个定语准确定义了全国统一大市场。除了"高效规范""公平竞争"这两个定语之外,"充分开放"这个定语不仅涉及不同地区之间的相互开放,而且更涉及在经济全球化趋势与全球化逆流相互博弈的背景下,如何追求高水平对外开放。否则,全国统一大市场的开放特征也不能体现出"充分"的一面。

一、建设全国统一大市场要拒绝关门主义

党的十九大报告指出,中国开放的大门不会关闭,只会越开越大。从40多年前党的十一届三中全会开始,中国就已经确定对外开放这项基本国策,而这项基本国策也成就了中国在当今世界的贸易大国和投资大国地位。事实表明,对对外开放这项基本

国策的任何怀疑都是站不住脚的。然而，有些人只要遇到一些热点话题就往往胡乱发表一些"高见"，对外开放的基本国策是其借题发挥的焦点，经常受到怀疑甚至否定。在笔者看来，这些人将加快全国统一大市场建设与对外开放割裂起来，甚至对立起来，不仅不属于"高见"，反而属于最为浅薄之见。

对于拥有 14 亿人口的大国来说，消费升级、产业升级会给中国带来更多的发展机会。我们经常说要融入经济全球化，却忽略了中国市场是全球市场的最大"分场"。许多学者在解释"双循环"的过程中，讲得更多的往往是"'双循环'不是不要对外开放"，这当然是对的，但对"以国内大循环为主体"，似乎并不愿意多讲。实际上，看看我们当今所处的外部环境，面对逆全球化的挑战，"以国内大循环为主体"不仅是现实的选择，而且更具长远眼光。

说起全国统一大市场与对外开放之间的关系，恐怕不能用"涉及"二字就可以简单概括。按照《意见》所阐述的要培育参与国际竞争合作新优势那样，不仅要以国内大循环和统一大市场为支撑，有效利用全球要素和市场资源，使国内市场与国际市场更好联通；而且要推动制度型开放，增强我国在全球产业链、供应链、创新链中的影响力，提升我国在国际经济治理中的话语权。白纸黑字，对外开放本身就是加快建设全国统一大市场的应有之义，而不是要将对外开放这一基本国策与加快建设全国统一大市场这一新说法强行"挂靠"。

现阶段，中国正在积极构建新发展格局，一方面是要凸显以国内大循环为主体，另一方面则要立足于国内国际双循环。从这个意义上讲，加快建设全国统一大市场不仅要让内循环过程更加常态化，而且要让内循环过程与外循环过程有一个良性互动。

全国统一大市场建设是一项庞大且复杂的系统工程，按理说需要循序渐进，但从现实的世事变迁来看，却又时不我待。2022年以来，受到疫情的影响，我国的进出口贸易近乎失速。作为中国最大的经济中心，在2022年的春天，上海成为新冠肺炎疫情最为严重之地，进而影响到整个长三角区域的产业运转，对于中国制造业参与国际分工也造成一定的不利。经过不断努力，上海的抗疫工作渐渐有了起色。然而，个别企业的复工复产并不意味着整个产业链、供应链的全面恢复。从发挥全国统一大市场效能层面看，要想让对外贸易摆脱疫情影响，就必须通过协同发力，让产业链、供应链在不同区域、不同行业实现整体复苏。为此，各地在防疫抗疫与复工复产上不仅需要做到协同发力，更不能各搞一套、层层加码，为产业链、供应链的跨区域正常运转设置门槛。否则，哪怕只有一个环节"掉链子"，我们的产业链、供应链都无法向国际市场延伸，都有可能在国际产业分工中失去位置。

在加快建设全国统一大市场的过程中，必须用开放的视野，构建以国内大循环为主体、国内国际双循环相互促进的新发展格局。只要国内市场不同区域板块之间还处于相互割裂状态，中国就不能成为全球市场合格的"中国分场"。从这个意义上讲，我们要融入经济全球化，就必须做到中国市场的全国化；而只有国内市场实现全国化，中国才有更多机会融入经济全球化，才会有实力走在经济全球化前列。

二、全国统一大市场有助于"集中火力"开展国际贸易竞争

中国要想提高对外开放水平，更多分享经济全球化带来的红利，就必须集中优势资源，形成整个行业在全产业链意义上的竞争优势，而不是仅仅局限于个别企业在国际分工中"一枝独秀"。

一方面，加快建设全国统一大市场有助于不同区域板块之间进行产业链、供应链的合理高效"串联"。在拓展国际市场过程中要集中优势兵力，这个道理大家都懂，但往往做不到位。为什么？最主要的原因在于国内不同区域板块之间缺乏足够的分工协作，各自为政。在本地区产业发展布局上不顾自身比较优势搞大而全、小而全。有些地区不顾客观条件，在产业布局上一哄而上，如前些年在光伏领域，近些年在新能源汽车、芯片等领域就存在着比较严重的产能低水平重复问题。与开展国际贸易要依托比较优势同理，国内不同地区之间的产业分工也有一个比较优势问题。只有重视本区域的比较优势，才能够将区域发展的"蛋糕"做大做强。然而，各地在开放本地市场时或多或少都有所保留，都希望其他地区率先开放市场，本地采取观望态度，生怕"老实人吃亏"现象再出现。在这种情况下，指望地方政府主动打破地区割裂的藩篱是不太现实的。由此看来，由中央通过顶层设计，全面布局建设全国统一大市场就可以规避这个难题，将国内市场比较优势转换为国际市场比较优势，有利于夯实外贸发展的产业基础。

另一方面，除了体现在产业链、供应链的"串联"之外，加快建设全国统一大市场也有助于以"并联"方式支撑高水平对外开放。《意见》表明，建设全国统一大市场离不开市场基础制度规则的统一，而这种制度规则的统一不仅有利于不同地区之间的市场相互对接，而且有助于在对外开放过程中步调一致，产生集成化的开放红利。否则，如果在产权保护制度、市场准入制度、公平竞争制度、社会信用制度等方面各地自行其是，就难以提升对外开放的整体高度。国家主席习近平在2018年博鳌亚洲论坛指出，中国决定在扩大开放方面采取一系列新的重大举措，其中包括大幅度放宽市场准入、创造更有吸引力的投资环境、加强知识产权保护及主动扩大进口。这四点高水平开放措施在很大程度上需要在全国范围内加以实施，而不是仅仅局限于某些区域。值得欣慰的是，近年来，各地的新一轮对外开放措施力求步调一致，而这种步调一致也恰恰需要在全国范围内将开放规则统一起来。以放宽市场准入为例，尽管我们在自贸试验区和海南自贸港有外商投资准入负面清单，但更有放之全国而皆准的全国版外商准入负面清单。2022年1月1日起生效的全国版外商投资准入负面清单仅仅包括了31项特别管理措施，相比2017版本的63项特别管理措施，减少了32项。毋庸置疑，在这31项特别管理措施之外，其他领域则是"法无禁止皆可为"，而这份负面清单的适用范围则覆盖整个中国。

当然，我们采用的负面清单模式也并不仅仅是为外商投资而"量身定做"的。在社会主义市场经济体制下，即使不是专门针对外商投资的管理，我们也需要在加快建设全国统一大市场过程中，让市场准入的负面清单管理模式扎根于中国。2018—2022年，国家发展改革委和商务部每年都推出新版市场准入负面清单，而这份负面清单并没有仅仅针对外资企业，也面向所有市场主体。要做到这一点，就需要不同地区在推进政府职能优化上做到联动，不仅要减少事前审批，而且更要做好事中、事后的监管。

三、建设好全球市场的"中国分场"

上文谈到了建设全国统一大市场如何有利于推进高水平的对外开放，接下来要说的是，提高对外开放水平如何能够助推全国统一大市场建设问题。照笔者看来，在经济全球化时代，整个地球村的经济活动应当以一个全球统一大市场作为依托，而中国则处在全球市场的"中国分场"位置。只要有了这个认识，建设好全国统一大市场也就可以被认为是建设好全球市场的"中国分场"，因而也就需要更加朝着国际通行规则靠拢。大体上看，高水平对外开放对于加快建设全国统一大市场的助推作用主要体现在以下方面。

首先，高水平的对外开放会对全国统一大市场建设起到倒逼作用。近些年来，中国在优化营商环境上持续发力，而对标国际上的通行规则，在很大程度上有助于各地在改善营商环境过程中更有"章法"。前些年，一些地方为了加大招商引资力度，往往对外做出脱离实际的各种许诺，甚至导致有些许诺难以兑现。按照国务院发布并于2020年1月1日起施行的《优化营商环境条例》，优化营商环境应当坚持市场化、法治化、国际化原则。在此基础上，要对标国际先进水平，为各类市场主体投资兴业营造稳定、公平、透明、可预期的良好环境。至于向哪一个"标"看齐，比较有权威性的参照系就是世界银行《营商环境报告》所列明的开办企业、办理施工许可证、获得电力、登记财产、获得信贷、保护少数投资者、跨境贸易、纳税、执行合同、办理破产等12项一级指标以及对应的二级指标，许多外商在考察中国的营商环境时也更加看重这些指标。为此，各地出台的改善营商环境行动计划也基本上以世界银行所列出的指标为基准。世界银行将会重点考察各国的宜商环境，未来国内不同区域也会按照世界银行的"指挥棒"与时俱进，优化宜商环境，如按照《意见》要求，发展供应链金融，提供直达各流通环节经营主体的金融产品，帮助企业获得信贷。同时，通过完善垄断行为认定法律规则，健全经营者集中分类分级反垄断审查制度，保护多数投资者。

其次，高水平的对外开放会对全国统一大市场建设起到示范作用。在这方面有许多案例可以发掘。例如，山东省一些企业面向日本和韩国大量出口蔬菜食品，取得了比较好的客户认可度，原因之一就是对出口日韩的蔬菜食品建立了从田间到餐桌的质量可追溯体系。出了问题，在每一个环节都可以倒查到每一名责任人。借鉴出口质量保障模式，国内也有许多地区近些年来尝试采用这种质量可追溯模式，使国内居民也吃上了可供出口的高质量蔬菜食品。不难看出，《意见》所强调的在重点产品追溯方面跨省通办，针对性很强，实际上就是上述借鉴过程从区域化向全国化扩展。

再次，高水平的对外开放会对全国统一大市场建设起到对接作用。以往，一些企业在内外销售过程中很容易"看人下菜"，对出口产品质量严格要求，而内销产品的质量则参差不齐。前段时间，由于外销受阻，一些企业在出口转内销上做出了很多努力，其中之一就是要做到"三同"，也就是内外销产品做到同等质量、同一标准、同一条生产线。这样，对标出口要求，这些在国内市场质量上参差不齐的商品同样要对标出口要求，同样做到优质优价。为此，在加快建设全国统一大市场过程中，有必要按照《意见》的要求，推动重点领域主要消费品质量标准与国际接轨，并且推进内外贸产品同线同标同质。

最后，高水平的对外开放也会对全国统一大市场建设起到延伸作用。对各地政府来说，建设全国统一大市场就意味着淡化针对区域内外企业之间的亲疏之分。如果要想在国际产业链供应链上占据重要位置，就需要理顺与境外上下游之间的关系。如果本地企业没有竞争力，即使地方政府再"偏心"，也不可能被国际产业链、供应链所接纳。也就是说，如果将国际产业链、供应链比喻为一条跨国高速公路，那么这条高速公路上的"中国段"就需要与"境外段"接轨，而接轨的前提是要消除存在于"中国段"上的各种"瓶颈"约束。从现阶段推进内外贸一体化过程来看，实际上就是要将更加开放的国际产业链、供应链向中国延伸。如果哪个地方继续封闭市场，国际产业链供应链的触角就不会延伸到那个地方。从这个意义上讲，我们必须按照《意见》要求，不搞"小而全"的自我小循环，更不能以"内循环"的名义搞地区封锁。例如，要及时清理废除各地区含有地方保护、市场分割、指定交易等妨碍统一市场和公平竞争的政策。在此基础上，防止招商引资恶性竞争行为，以优质的制度供给和制度创新吸引更多优质企业投资。只有这样，国际产业链、供应链才能在中国最大限度延伸。

众行者易趋：
统一大市场的国际化新范式

付 鹏

（东北证券首席经济学家）

建设全国统一大市场是构建新发展格局、实现高质量发展的题眼。面对新冠肺炎疫情和百年变局，全球各经济体的旧发展模式短板逐一暴露，我国经济发展最重要的是做好自己的事情。习近平总书记指出："一个党要立于不败之地，必须立于时代潮头，紧扣新的历史特点，科学谋划全局，牢牢把握战略主动，坚定不移实现我们的战略目标。"加快建设全国统一大市场，以高水平开放贯彻新发展理念、融入"双循环"和国际化的新范式，方能牢牢把握历史主动权，续写我国经济建设的新成就。

一、建设全国统一大市场的重大意义：明者因时而变，知者随事而制

"大市场"的本质是要素和资源、商品和服务的高水平统一。

产销循环的通达流畅是引导资源帕累托优化的前提条件，要素禀赋持续向先进生产力聚集，是促进经济高质量发展的破局关键。高效优质的经济循环需要生产、分配、流通、消费的全链条畅通流动，全面增强供销环节的韧性，破除阻碍要素自由流动的关键堵点。要素和资源是经济内生增长的动力源泉，商品和服务关系着民生福祉，而人民利益是我们党一切工作的根本出发点和落脚点。习近平总书记强调"民心是最大的政治"，建设全国统一大市场意在践行做实做强做优实体经济，增进人民生活幸福"获得感"，充分激发超大规模市场优势，将巨大的市场潜力转化为实际的市场需求，从而真正推进构建新发展格局的进程。

"大市场"的内涵是制度和治理、监管和规则的公平统一。提升监管效能、健全基础制度是保障经济循环畅通无阻的必然要求。2021年年末的中央经济工作会议提出，要提振市场主体信心，深入推进公平竞争政策实施，加强反垄断和反不正当竞争，以公正监管保障公平竞争。近年来，反垄断是我国经济社会领域的热点话题，实际上反映的是在社会主义市场经济体制下如何推进竞争中性建设、清理妨碍市场公平的各类障碍。建设全国统一大市场，就是要建立统一的监管制度、统一的监管执法、统一的监管力度；依法全面查处不正当竞争行为，打破地方保护和市场分割，全面释放经济活力。习近平总书记指出："发展社会主义市场经济是我们党的一个伟大创造，关键是处理好政府和市场的关系，使市场在资源配置中起决定性作用，更好发挥政府作用。"

建设全国统一大市场，就是要理顺有效市场和有为政府之间的关系，强化市场化、法治化原则，在发挥市场在资源配置中的决定性作用的同时，加快政府职能建设，突出竞争政策的核心地位，持续深化监管水平、治理水平和政策逻辑的内在统一。

"大市场"的核心是增长和分配、发展和安全的全面统一。全国统一大市场的建设，有利于资源和要素有序流动、商品和服务合理配置，在落实以供给侧改革引领需求质效提升、推动经济发展良性循环方面，具有释放并扩大改革红利的优势作用。统一市场意味着更高水平的增长效率，也意味着更为成熟的社会分工。增长是发展的目的，分配是循环的核心。百年变局和新冠肺炎疫情加剧了西方社会的阶层撕裂和分配失衡，延展了贫富群体的鸿沟，底层人民的生活质量每况愈下。习近平总书记指出："共同富裕是社会主义的本质要求，是中国式现代化的重要特征。"完善要素市场化机制，通过土地、存量资本等要素市场化，扩大我国中低收入群体的收入来源；完善三次分配制度，加大公共财政在促进社会公平方面的调节作用，逐步缩小城乡收入差距，这些既是建设全国统一大市场的必然举措，也是我们党坚持全心全意为人民服务的根本宗旨、践行以人民为中心的发展思想的根本体现。

二、全国统一大市场与"双循环"的丰富内涵：任凭风浪起，稳坐钓鱼台

"大市场"意味着内需供求的改革机制再上台阶。内需是产

销循环的终点,也是经济循环的起点。全国统一大市场的实质是供给侧改革的延展和深化,重在畅通国内大循环,重在突破供给约束堵点,重在坚持扩大内需这个战略基点。"大市场"对应着产业相融、创新相促、市场相通,意味着全国一盘棋、政策互衔接,不是一时一地的内部小循环,而是国民经济的大循环。习近平总书记指出:"要注意防范各自为政、画地为牢,不关心建设全国统一的大市场、畅通全国大循环,只考虑建设本地区本区域小市场、搞自己的小循环。"这体现着"大市场"既要发挥中央和地方体制机制的"两个积极",又要创新市场供给、提升服务质量。同时,"大市场"也要求"高质量",内需消费的提质扩容、线上线下消费的融合促进及公共消费的趋势引领,都呼应"大市场"对经济新动能的培育。

"大市场"意味着对外开放的改革步伐再度提速。改革开放40多年来,我国经济社会发展深度融入全球化,探索出了"以开放促改革、以改革促发展"的现代化发展道路,我国经济实力在开放中持续提升、经济韧性在开放中持续增强、经济治理在开放中持续深化,取得了举世瞩目的发展成就。习近平总书记多次强调:"中国开放的大门不会关闭,只会越开越大。以国内大循环为主体,绝不是关起门来封闭运行,而是通过发挥内需潜力,使国内市场和国际市场更好联通。"尽管当前西方社会民粹主义沉渣泛起,逆全球化思潮不断涌现,但从长远看,全球合作加强、发展成果共享仍然是历史潮流。全国统一大市场的建设,有利于我国拓宽对外开放的内涵,有序发展经济建设的辐射力。

"大市场"意味着"双循环"的改革进程再次跨越。全国统一大市场的建设,要求在形成强大的国内市场的同时,更好地参与国际合作与竞争;不仅要促进国内大循环,还需要做好国际大循环。以国内市场引领国际大循环、以国际市场助推国内大循环,以高水平对外开放赢得发展的主动权。习近平总书记在多个场合重申:"在疫情长期化、防疫常态化背景下推动经济复苏增长,对各国都是一个重大课题。中国将继续深化改革,全面提高对外开放水平,推动形成国内国际双循环相互促进的新发展格局。这将为世界各国提供更广阔的市场机会。"对外开放是我国的基本国策,"双循环"的畅通必然要求全国统一大市场的畅通,这既是实现经济高质量发展的必经之路,也是构建新发展格局的重要抓手。

三、全国统一大市场与国际化的根本准则:孤举者难起,众行者易趋

一是完善激励相容机制,强化制度基础。全国统一大市场的建设,既需要宏观政策协同、监管政策创新,也需要微观主体激励、加强正向指引。在实践中,需要及时清理各地隐含地方保护主义的政策或规定,打通市场流通环节,依法依规开展反垄断、反不正当竞争监管,探索相互协调的标准指南。习近平总书记强调:"提高政府监管效能,要着力解决好'谁来管''管什么''怎

么管'的问题。按照'谁审批、谁监管，谁主管、谁监管'的原则，理清责任链条，提高履责效能，严肃问责追责。""大市场"的构建需要"看不见的手"和"看得见的手"形成合力，降低制度成本，促进市场由"大"到"强"。

二是树立底线思维，把握好点与面、短期与长期之间的辩证关系。全国统一大市场的建设是一项系统工程，中央层面在宏观指导、法律法规和政策安排方面做出了顶层设计，微观执行层面就需要加强系统观念、全局观念，既要按照自身职责抓好重点工作，也要协调全过程、全领域的影响，站在全党全国的高度做好"大市场"建设工作。习近平总书记指出："创新发展、协调发展、绿色发展、开放发展、共享发展，在工作中都要予以关注，使之协同发力、形成合力，不能畸轻畸重，不能以偏概全。"大市场的建设急不得也慢不得，需要明确目标、坚定信心、协同各方、压茬推进，在动态开放的环境中坚持底线思维，平衡短期收益和长期增长，统筹发展与安全，真正维护市场的繁荣与稳定。

三是扎实推进制度型开放，以打造对外开放新高地为契机，推动全国统一大市场建设进程。与商品和要素层次的对外开放不同，制度型开放解决的是发展内外联动的问题。习近平总书记指明："完整、准确、全面贯彻新发展理念，必须坚持系统观念，统筹国内国际两个大局，统筹'五位一体'总体布局和'四个全面'战略布局，加强前瞻性思考、全局性谋划、战略性布局、整体性推进。"构建全国统一大市场，就是要在充分发挥比较优势、提高国内资源配置效率的基础上，形成更高层次的对外开放，发展开放的新业态、新模式。制度型开放需要全面落实准入后国民待遇，加大公平竞争审查力度，强化知识产权保护。国内市场和国际市场相辅相成、相互促进，有利于优化经济格局、释放增长动力、激励竞争创新，为我国经济平稳健康发展提供重要保障。

第六章

数字化时代的统一大市场建设挑战

数字化是统一大市场建设的重要引擎

王志刚

（中国财政科学研究院研究员）

　　市场经济是人类伟大的发明，除了市场自发演进形成的扩展秩序外，市场还带给人们更多的选择机会。正是有了市场这只无形之手，人们才可以跨越时空的限制进行各种贸易活动，分享不同地方的商品与服务。市场经济鼓励创新和竞争，从而不断创造出新的市场空间。人们对全国统一大市场的认同不断提升，2022年4月《中共中央 国务院关于加快建设全国统一大市场的意见》（以下简称《意见》）发布，《意见》要求"加快建设高效规范、公平竞争、充分开放的全国统一大市场"，再次强调了统一大市场的重要性，对数据要素市场及政府数字治理亦有不少表述，那么，我们该如何看待数字化在统一大市场建设中的作用？

　　数字化自带市场化的内驱力，但是，数字化时代的市场化和传统的市场化有诸多不同，随着我们对数字化相关的技术、经济组织形态、宏观及微观经济影响等各方面有更深的认知，相关的制度体系也在不断得到完善。政府还可以通过优化新基建空间格局及加大数字技能的投入，不断消弭数字鸿沟，让数字化红利惠及更多的人群、行业和区域。未来在数字化和市场化双轮驱动下，中国统一大市场建设的广度和深度会不断提升，中国数字经济的竞争力也会持续提升，这会加快构建新发展格局。

一、数字化创造出新市场，市场机制不断完善

以互联网为代表，网络本身就是一个巨大的市场空间，时刻充满互动博弈行为。互联网可以很容易实现人—人、人—物、物—物的互联互通，从而为生产、分配、流动、交换等环节提供更大的市场空间。"上网""上云"成为潮流，线上线下市场一体化将会产生"1+1>2"的乘数效应。和以往任何时代相比，数字化时代将最大可能地缩短时空距离，让我们跨越山海阻隔。当然，要分享数字化带来的好处需要一些前提条件，那就是便利的交通网络、通信网络、物流体系及良好的数字素养或技能。政府可以在基建投资、数字教育培训中给予一定的财政支持，也可以与市场上的企业合作推动数字基础设施建设。

数据并非凭空而来，现实世界的运行都会映射到数字空间，进而产生不同类型的数据，如个人数据、企业数据或公共数据，这是数据要素市场建设的前提。《意见》中提到"加快培育数据要素市场，建立健全数据安全、权利保护、跨境传输管理、交易流通、开放共享、安全认证等基础制度和标准规范，深入开展数据资源调查，推动数据资源开发利用"。不难发现，和数据要素

市场相关的领域众多，需要系统性的制度创新、理论界的前瞻性研究和实务部门的创新实践相结合，才有利于促进数据要素制度优化，进而可以更好地释放数据的价值。当然这些制度建设需要一个长期的过程，并非一蹴而就。

1. 数据要素市场建设的重要意义

数据要素市场建设具有极为重要的战略意义，不仅是开拓出新的数据要素市场，而且通过融合数据、算法、应用场景，可以激发传统的劳动市场、资本市场、能源市场、商品市场的活力，让市场可以更好地服务大众。

第一，数字化空间中，要素使用效率会提升，市场运作效率也会极大提升。数字化带动了资本、劳动等要素的数字化转型，实现全要素数字化，提高了要素综合利用率；数字化时代里，各类要素将跨越时空进行高效、快速的整合。例如一些创新合作网络平台，平台就是一个市场，市场的无形之手可以在短时间之内汇聚全球人才资源和资本资源，让大家为同一个目标任务而协同工作。人们不用像工业化时代那样集中在一起工作，而是在不同的地方进行同步工作。跨区域分布式的工作模式，恰恰吻合了市场分散化的内在特点，拓展了人们的自由空间。数字化可以实现信息传输的高效率，大幅降低信息获取成本，并提高人们所能获取的信息含量，进而降低搜寻成本、运输成本、复制成本、追踪成本，这些都有助于降低市场摩擦和各类交易成本，可以让千万个市场紧密连接起来，让市场机制运行更顺畅。

第二，数字化极大拓展了人们的消费、收入、生产活动空间。人们购物可以不必拘泥于线下周边的实体店，足不出户就可以购买国内外的心仪商品，或是享受国内外远程的教育、医疗、娱乐等服务，让优质服务的可及性大大提升。远在西部边陲的山村农民有了新的收入渠道，可以通过电商或社交媒体平台把农产品售卖到沿海城市，从而实现自己的"人生小目标"。"鼠标经济"在满足消费的同时，也给企业带来了众多商业机会。得益于数字技术发展，数字化给我们带来不一样的沉浸式体验，比如社交媒体、直播平台上的各种"带货"，虚拟世界和现实世界已经融为一体，线上交流没有丝毫违和感。同样地，企业可以打破时空距离，选择适合自己的国内外合作伙伴，电子商务让谈判与合作更加有效，给企业创造了新的利润空间；企业生产可以跨区域运行，通过数字化调度中心平台安排分布式生产任务，实时监测生产数据，不断优化生产流程；企业销售可以通过电商平台直达全球消费者，居民消费和信息反馈让企业更好把握消费行为，改进供给质量；企业同样可以选择海外平台进行跨国经营活动，实现了在虚拟空间的"走出去"。无疑，数字化让我们的生活更加便利，商务活动更加有效，生产能力能够得到最优的配置，这也是市场化得到扩展所带来的福利。

2. 有效的市场机制助力市场高效运行

市场高效运行离不开有效的市场机制，除了"看不见的手"之外，在市场中还存在着很多精妙的机制设计，比如拍卖机制设计和匹配机制设计。对于市场体系配置效率、策略互动、公平等问题，数字化时代有了人工智能等强大的算法做支撑，市场机制运行效率能得到大幅改善。实际上，这些市场机制设计在现实世界中亦有广泛的应用，例如，美国政府就无线寻呼业务中电磁波频谱的许可牌照首次进行的电子拍卖，以及针对《清洁空气法案》所设计的"双重拍卖"系统；或是欧盟为了减少碳排放所设计的碳排放交易机制等。这些做法有成功经验，亦有失败教训，但是在数字化时代下可以设计一些更加复杂精细的市场交易规则，运用算法来引导资源配置效率改善和其他多重目标。在政府采购或是政府闲置资产处置中，通过在线竞拍平台可以提高采购效率、节约成本并获得较高的资产处置收入，从而实现多赢的局面。

二、数字化重塑分工格局，社会化协作大生产成为常态

1. 数字化改变全球产业分工体系

数字化不仅可以改变产业链上、中、下游的分工格局，还可以精细到产品层面，在产品研发、设计、生产、销售等各个环节，通过数字化就可以优化组合各种资源，建立起全球消费者、全球生产者、全球销售者之间的紧密联系。定制化规模化生产在数字化时代会成为企业的核心竞争力，这在一些"灯塔工厂"中已经成为现实，消费者选择更加丰富。一些大的国际化平台可以实现全球范围内人、企业、资金等的优化组合，全球产业分工和贸易格局变化将加快，服务贸易尤其数字服务贸易增长将驶入快

车道。和现实世界不同，全球数字化率先在数字世界实现全球化，给中国带来新发展机遇，超大规模市场形成的内循环与外循环将会更适配，建设好统一大市场具有深远的意义。

2. 数字化为国内区域间分工合作提供新机遇

统一大市场需要塑造一种公平竞争的氛围，各地有各自的比较优势，要找准自己的生态位，实现错位竞争，而非传统的同质性或恶性竞争。《意见》提到各地"要清理废除各地区含有地方保护、市场分割、指定交易等妨碍统一市场和公平竞争的政策，全面清理歧视外资企业和外地企业、实行地方保护的各类优惠政策"，其目的是执行统一的政策标准，这意味着地方政府要把心思转移到塑造良好营商环境上来，靠优质的公共服务来引资引智。这需要政府治理的供给侧改革，而数字化为打造一个高效、透明的数字政府提供了机遇。和全球数字化一样，数字化给后发地区带来新的发展空间，让他们可以实现与发达地区的分工合作、互利共赢，例如目前所提的"东数西算"工程，将东部综合的算力需求和西部低能耗成本优势结合起来，实现数据中心、云、网之间的链接。

3. 数字化推动社会分工和专业化

亚当·斯密在《国富论》中曾用别针的制作过程来说明专业化分工的优势，如果10名工人各有分工，每天可以生产4.8万个别针；而所有制作程序都由一个人完成的话，每人每天只能生产出20个，总共最多能生产200个别针。进一步思考，如何找到10名专业人员？这就需要在劳动力市场去搜寻合适的工人。数字化时代中人们获取信息的渠道更加高效、便利，都不需要走出工厂去找寻工人，只需要在相关招聘网站或自媒体上发放一个广告，注明招工的具体需求，就会有很多人在网上快速响应。数字化让供求匹配更精准，只要有市场需求，供给就会出现，需求多元化会带来供给多元化，这会推动社会分工和专业化，分工自然也会扩大市场空间，从而形成良性的发展循环。

4. 数字化给就业结构带来新变化，促进了人机间的分工合作

一是数字经济催生大量的新就业形态，例如外卖骑手、网约车驾驶员、互联网营销师、网络主播、网络写手、自媒体编辑、数据官等新职业，为不同技能的人提供了更多的新就业机会。二是替代了部分低技能劳动，例如工厂中工业机器人对流水线工人的替代，餐饮酒店业中机器人对服务员的替代，还有一些办公自动化系统对人工的替代等。三是数字化实现了人工智能和智能人工的结合，对高技能劳动是一种互补效应，例如一些辅助自动化生产设备提高了劳动生产率，还有一些专家辅助决策系统等。

三、数字化创造规模经济效应，数字平台属性多元化

数字经济的一个优势是规模经济，数字化时代中一切交易都可以数字化，庞大的国内市场规模意味着中国存在巨大的数据资

源，有别于传统的石油、矿产资源，数据资源越用越多，会创造出更多具有规模经济的领域，基于数据、算法和应用场景的融合，市场会催生出众多新的生产模式、商业模式、消费模式。

作为数字经济的重要组成部分，平台经济往往具有网络效应，用户数量越多，网络给每个用户带来的收益就越多，收益增加是非线性和加速的。网络效应是一种需求侧的规模经济，传统的自然垄断行业，如电力、供水、铁路系统与电话网络，都具有网络效应。平台的固定成本高而边际成本接近于零，规模庞大的平台类似于自然垄断，需要一定的产业规制，但是平台企业的规模经济与传统企业的规模经济是否一样？很多平台所在领域的市场进入门槛并不高，有众多潜在竞争者，数字化时代还让跨界竞争成为普遍现象，如何判定垄断行为？不同类型的规制会给市场创新和数字经济国际竞争力带来什么？对平台的监管手段是否适用传统的产业规制政策？……这些问题的回答都需要系统地、持续地研究评估，很多问题还是需要在发展中来解决。需要强调的是，政府规制目标是促进市场更好地发展，而非限制市场空间，不能从政府市场二元对立的角度来看待政府的各类监管政策，适度的政府规制旨在保障经济生态的健康发展。

平台企业和以往的企业组织也不同，大规模的平台已经不仅仅是一个企业组织，而且具有双边或多边市场特点。典型的平台经济企业本身不生产产品，但是撮合市场供求达成交易，具有双边市场的特点；此外，平台还可以为外卖骑手、网络直播等新就业者提供分派订单、税费代缴、就业信息、劳务支付等多种服务，实际上部分行使了社会公共管理职能。这些新就业形态对现有的就业统计、税收征管、社会保险等制度形成新的挑战。《意见》提到"加强对平台经济、共享经济等新业态领域不正当竞争行为的规制，整治网络黑灰产业链条，治理新型网络不正当竞争行为"，目的是更好地保护消费者权益和经营者正当的竞争行为，当然也保护平台企业自身的合法权益。

除了市场上的平台企业外，在数字化时代还会出现大量的公共平台。这些平台各具特色，有相对专业的平台，也有综合性平台，并且这些平台自带监管的职能，它们的建设运营需要政府和市场合作推动，要发挥市场的资金、技术和人才比较优势。以公共资源交易平台为例，这是一个综合性的交易平台，相当于政府为公共资源交易提供了一个巨大的市场空间，使其交易不再局限于某一地区，充分体现了公平竞争特色，以市场化方式改善公共资源配置效率。《意见》提及"深化公共资源交易平台整合共享，将公共资源交易平台覆盖范围扩大到适合以市场化方式配置的各类公共资源，加快推进公共资源交易全流程电子化，积极破除公共资源交易领域的区域壁垒"。公共资源交易平台建设实现了线上线下一体化，对于改善监管是非常有利的，并且具有多重效应：一是促进打造阳光政府、透明政府，将公权力运行置于社会大众监督之下，增强政府的公信力；二是数字平台上进行交易打破了公共资源配置的时空约束，有利于公共资源的优化配置，且通过优化公共资源配置对改进全社会资源配置效率具有乘数带动效应；三是有利于经济高质量发展，作为全国统一大市场的重要组成部分，工程建设招投标、政府采购、土地使用权和矿业权出让、国有产权交易、排污权交易、碳排放权交易等公共资源交易的合理配置意义重大，不仅有利于相应的专业市场体系建设，还有助于促进产业结构升级、技术创新、低碳发展、区域协调发展，这些都为经济高质量发展所需。

实际上，一些大的公共平台能够实现政府治理的互联互通，为统一大市场提供更加有效、便捷、人性化的公共服务，更好地满足人们对美好生活的追求。例如，依托区块链等数字技术打通区域和行业壁垒，促进区域间工商、社保、教育、医疗、司法、信用等跨部门、跨系统的信息共享，以数据共享带动部门协同监管；基于大数据的公共服务信息系统能够实现资金、项目、公共服务、服务对象的"四位一体"，实现公共服务跟人走的目标，有力促进了要素的自由流动；数字金融平台为小微客户提供了风险可控的信贷支持；统一大市场需要统一的市场规制、执法标准，而智能合约技术可以让这些制度顺畅运行……

同时，我们也要清醒地认识到，数字化带来便利的同时，也会产生一些意想不到的风险，或是导致某些局部风险的快速放大。但我们不能因为风险而错失发展机遇，要统筹好发展和安全的关系，充分利用数字技术来解决这些问题，建立制度和技术的双重防火墙，在发展中不断完善体制机制，为统一大市场建设保驾护航，让中国统一大市场行稳致远。

全国统一大市场建设需"双核驱动"

罗志恒

（粤开证券首席经济学家、研究院院长）

当前，我国经济已由高速增长阶段转向高质量发展阶段，同时面临国际环境深刻复杂变化和国内发展不平衡、不充分等问题。要实现经济持续健康发展，必须贯彻新发展理念，加快构建以国内大循环为主体、国内国际双循环相互促进的新发展格局。推进国内大循环建设，离不开全国统一大市场的建立和完善。

一、全国统一大市场：一个经济学的效能分析

新发展格局包括国内大循环、国内国际双循环两个方面，分别对应国内市场化水平的提升和国际开放度的提高。国内市场化水平的提升可归结为商品和要素的自由流动，国际开放度的提高主要体现为贸易自由度的提高和投资障碍的消解。因此，要构建新发展格局，就需要国内各区域之间、国内与国外之间都实现商品、要素等资源的畅通流动。于国内，公平竞争、充分开放，建设全国统一大市场；于国际，持续推进更高水平的对外开放，推

动建设开放型世界经济、构建全球发展命运共同体。由于新发展格局以国内大循环为主体，意味着加快建设全国统一大市场成为必然要求。

全国统一大市场的目标是：商品要素资源在全国范围内畅通流动，形成市场基础制度规则统一、市场设施高标准联通、市场监管公平统一的高标准市场体系，具备高效规范、公平竞争、充分开放的特征，发挥集聚资源、推动增长、激励创新、优化分工、促进竞争的作用。

从经济学的角度看，统一大市场能充分发挥各方比较优势，提升经济增长潜力。首先，基于比较优势的自由贸易是市场经济优化资源配置的重要机制。充分发挥各方的比较优势，实现专业化分工，可以提高生产效率，扩张生产可能性边界，促进经济增长。中国改革开放四十余年的辉煌历程，就是一方面在国际市场上发挥中国劳动力和制造业的比较优势，另一方面在国内市场中发挥各地区各部门的比较优势，充分利用国内国际两个市场、调动各方资源，实现经济跨越式发展。

其次，建设统一大市场能发挥出规模经济和集聚效应的优势，促使各方加强经济联系。市场规模扩大和壁垒减少，能有效降低生产的平均成本和市场交易成本，提高消费者剩余和生产者剩余，增进社会总福利。在经济全球化遭遇逆流、全球经济复苏前景晦暗不明的背景下，市场已成为稀缺资源。我国有14亿人口、中等收入群体规模超过4亿多人，人均GDP超过1万美元，市场潜力巨大。超大规模市场也成为我国参与国际竞争的重要战略资源，在推动构建国际大循环、实现更高水平对外开放的进程中，必须以国内大循环和统一大市场为支撑，提高我国产业的国际竞争力。

当前我国仍然存在一些诸如市场分割、地方保护、行业垄断等妨碍统一市场和公平竞争的现象，迫切需要加快建设全国统一大市场，打通制约经济循环的关键堵点，促进商品要素资源在更大范围内畅通流动，为构建新发展格局提供坚强支撑。

二、内生阻力：贸易引发的分配问题

自二战后关税及贸易总协定（世界贸易组织前身）实施以及中国改革开放以来，基于比较优势的自由贸易理论一直占据了经济发展实践的主导地位。经济全球化和国内统一大市场建设的历史车轮滚滚向前，经济的高速发展和人类福祉的巨大改善无不印证了上述理论的正确性。

然而自由贸易理论更强调长期和全局视角下的效率提升，却忽视了短期和结构视角下的分配问题。这一问题随着经济全球化的不断深化和改革开放步入深水区而日益凸显，表现为国际上逆全球化浪潮涌动、西方民粹主义思潮兴起、中国经济市场化改革难度明显增大，成为全球和全国统一大市场建设的内生阻力。

首先，比较优势下的分工和贸易安排，由于利益分配问题，具有内在不稳定性。相较于封闭经济，发展中国家和发达国家之间的贸易能使双方获得更大的市场空间。发展中国家的比较优势是廉价的劳动力和资源环境，出口劳动密集型的低附加值产品；发达国家的比较优势是资本和科技，出口资本和科技密集型的高附加值产品。由于后者生产壁垒更高、议价能力更强，因此在双方的贸易收益中，发达国家攫取了更多份额。这样的贸易安排难以长期维持，发展中国家不断积累资本并提高科技水平，希望获取更高收益；而发达国家则试图守住自身的优势地位，继续"剥削"发展中国家。于是出现了发展中国家实施贸易保护政策，呵护民族工业发展；发达国家对追赶型国家"卡脖子"，遏制后发国家高新技术产业发展的矛盾。

其次，即使是在国际贸易中获益更多的发达国家和地区，其内部也存在分配不均的问题。根据斯托尔珀-萨缪尔森定理，在国际贸易中，一国具有比较优势的生产要素的回报率将会上升，其他生产要素的回报率则会下降。例如对于美国而言，其具有比较优势的生产要素是资本和科技，劳动力处于相对劣势。因此，在全球化进程中，以华尔街和硅谷为代表的资本和科技集团显著受益，而集中了传统制造业的五大湖区则衰落为"铁锈地带"。前者是全球化的支持者，后者成为全球化的强烈反对者，进而支持特朗普在2016年的总统大选中获胜，继而引发中美贸易摩擦。与此同时，中国经过几十年的发展和积累，资本和科技水平都取得了明显进步，对美国的优势地位形成挑战，于是美国发动对华的"贸易战"、"金融战"和"科技战"等。

上述分析不仅适用于国际贸易，对于国内统一大市场的建设也具有启发意义。正是由于地区之间、地区内部不同行业和部门之间的损益情况不同，才产生了地方保护、市场分割、重复建设、同质化竞争等问题。

但是不同于国际贸易，在国家内部各地区之间不应是割裂的竞争关系，而应是互利共赢的合作关系。要正确认识局部和全局的关系，坚持"全国一盘棋"，统筹谋划，协同推进；应妥善处理各地区利益协调问题，促进区域合作与良性竞争，推动区域均衡发展。

三、制度性障碍：条块分割的体制惯性

全国统一大市场的建设不仅面临经济内生的阻力，还需克服体制机制运行的惯性。我国的经济体制经历了从计划经济转向市场经济，用市场机制代替行政命令在资源配置中发挥决定性作用的转型过程。经济发展的内生阻力与制度阻力相互交织，当某些群体因自由贸易而利益受损时，便会对当地政府施加压力，促使其出台地方保护政策；而要破除地方保护和市场分割，必然会损害相关群体的既得利益，从而产生巨大的阻力。

党的十八大以来，全国统一大市场建设工作已取得重要进展。当前我国 97% 以上的商品和服务价格已由市场决定，但要素市场建设仍相对滞后，有待进一步深化改革。

目前来看，阻碍要素市场发展的制度性障碍主要表现为以下几个方面：

一是纵向政府治理导致的市场条状分割。市场主体可能会因

为行业、所有制、企业规模、所属地区等的不同而面临不同的管理政策，受到不平等对待。民营企业相较于国有企业在市场准入、行政审批、信贷资源等方面的种种劣势已被关注和讨论。劳动力要素的自由流动也面临一定阻碍，例如当前仍有部分城市存在严格的落户限制，而当地的基本公共服务又与户籍挂钩，使得大量外来常住人口在购房、子女教育等方面遭遇困难，制约了人口向都市圈、城市群集聚，阻碍了以人为核心的新型城镇化。

二是横向政府治理导致的市场块状分割。一些地方政府根据行政边界制定本地利益最大化的区域性政策，限制商品和要素的自由流动。在"晋升锦标赛"和财政分权等制度激励下，地方政府为实现更高的GDP、就业率和税收，可能就不会选择融入全国市场、发挥当地的比较优势，而会选择保护本地市场、制定地方规则和行政壁垒、限制商品要素资源自由流动。微观上，个别地方政府对当地利税大户提供税收甚至环保监管等方面的不当"优惠"，对本地企业外迁进行干预限制；宏观上，则出现地区间产业结构高度相似、重复建设、产能过剩，地区间商品价格存在显著差异等问题。

三是一些特殊行业在市场准入等方面还存在行政干预。如：电力、石油、通信等行业就因为存在市场准入的机制，从而形成垄断，使企业缺乏竞争压力，效率相对低下。

此外，市场力量有时候也会导致市场结构的扭曲而阻碍充分竞争。例如，部分平台企业通过前期大额补贴，以低价策略争夺市场份额，之后再借助平台垄断力量逼迫商户和消费者"二选一"

以打压竞争对手；或通过"大数据杀熟"压榨消费者剩余、谋取超额利润。

要遵循市场化、法治化原则，强化市场基础制度建设，强化竞争政策的基础地位，加快转变政府职能，进一步规范政府行为，不断提高政策的统一性、规则的一致性、执行的协同性；要把握好全国统一市场和地方竞争发展的关系，健全充分发挥中央和地方两个积极性体制机制，维护国家法治统一、政令统一、市场统一，清理废除含有地方保护、市场分割、指定交易等妨碍统一市场和公平竞争的政策。

四、破题：坚持硬件软件"双核驱动"

制度性障碍是当前全国统一大市场建设的关键堵点，地理等自然因素的限制也一直是统一大市场建设的重要阻碍。因此需要从硬件和软件两方面进行突破，硬件建设针对自然因素，软件建设针对制度因素。

硬件方面，要推进市场设施高标准联通。一桥飞架南北，天堑变通途。地理上的阻隔，可以通过物流体系的建设加以解决；供给和需求的高效匹配，亦离不开通信网络和交易平台的建设。我国电子商务的高度繁荣，一方面受益于我国相对完善的基础设施，另一方面也促进了全国性的商贸流通。

要继续促进现代流通体系建设，降低全社会流通成本。一是建设现代流通网络。优化商贸流通基础设施布局，加快数字化建设,推动线上线下融合发展,形成更多商贸流通新平台、新业态、新模式。二是完善市场信息交互渠道。优化行业公告公示等重要信息发布渠道,推动各领域市场公共信息互通共享,依法公开市场主体、投资项目、产量、产能等信息,引导供需动态平衡。三是推动交易平台优化升级。深化公共资源交易平台整合共享,加快推动商品市场数字化改造和智能化升级,鼓励打造综合性商品交易平台。

软件方面,要从制度建设着眼,完善激励约束机制,降低制度性交易成本。改革开放初期,财政体制由之前的"统收统支"改为"包干制",一方面充分调动了地方和企业的积极性,有力地支持了其他领域的改革;另一方面,由于税收收入划分是按照隶属关系,地方政府为获得更多财税收益而加强了地方保护。1994年"分税制"改革之后,中央通过与地方政府划分税收共享比例、对地方政府实施转移支付等方式,削弱了地方财政收入对本地经济的依赖程度,降低了地方政府分割市场的动力,加速了统一大市场的建设。

第一,建立和完善规则统一的市场基础制度。例如,完善统一的产权保护制度,依法平等保护各种所有制经济主体的产权;实行统一的市场准入制度,严格落实"全国一张清单"管理模式,严禁各地区、各部门自行发布具有市场准入性质的负面清单;维护统一的公平竞争制度,坚持对各类市场主体一视同仁、平等对待。

第二,进一步规范市场竞争和市场干预行为。例如,加强反垄断，破除平台企业数据垄断等问题，防止利用数据、算法、技术手段等方式排除、限制竞争，稳步推进自然垄断行业改革，加强对电网、油气管网等网络型自然垄断环节的监管；破除地方保护和区域壁垒，全面清理歧视外资企业和外地企业、实行地方保护的各类优惠政策，防止招商引资恶性竞争行为；清理废除妨碍依法平等准入和退出的规定做法，不得设置不合理和歧视性的准入、退出条件以限制商品服务、要素资源自由流动。

第三，推进基本公共服务均等化，加快户籍制度和财税制度改革。完善城乡建设用地增减挂钩节余指标、补充耕地指标跨区域交易机制，完善财政转移支付和城镇新增建设用地规模与农业转移人口市民化挂钩政策，促进劳动力、人才跨地区顺畅流动。明确中央与地方政府对流动人口及随迁家属提供公共服务的事权和支出责任，建立健全常住地提供基本公共服务的机制，人往哪里走，转移支付跟到哪里。让户籍制度回归人口登记的原始功能，而非筛选出可享受公共服务群体的功能。

附　录

中共中央 国务院
关于加快建设全国统一大市场的意见

（2022年3月25日）

建设全国统一大市场是构建新发展格局的基础支撑和内在要求。为从全局和战略高度加快建设全国统一大市场，现提出如下意见。

一、总体要求

（一）指导思想。以习近平新时代中国特色社会主义思想为指导，全面贯彻党的十九大和十九届历次全会精神，弘扬伟大建党精神，坚持稳中求进工作总基调，完整、准确、全面贯彻新发展理念，加快构建新发展格局，全面深化改革开放，坚持创新驱动发展，推动高质量发展，坚持以供给侧结构性改革为主线，以满足人民日益增长的美好生活需要为根本目的，统筹发展和安全，充分发挥法治的引领、规范、保障作用，加快建立全国统一的市场制度规则，打破地方保护和市场分割，打通制约经济循环的关键堵点，促进商品要素资源在更大范围内畅通流动，加快建设高效规范、公平竞争、充分开放的全国统一大市场，全面推动我国市场由大到强转变，为建设高标准市场体系、构建高水平社会主义市场经济体制提供坚强支撑。

（二）工作原则

——立足内需，畅通循环。以高质量供给创造和引领需求，使生产、分配、流通、消费各环节更加畅通，提高市场运行效率，进一步巩固和扩展市场资源优势，使建设超大规模的国内市场成为一个可持续的历史过程。

——立破并举，完善制度。从制度建设着眼，明确阶段性目标要求，压茬推进统一市场建设，同时坚持问题导向，着力解决突出矛盾和问题，加快清理废除妨碍统一市场和公平竞争的各种规定和做法，破除各种封闭小市场、自我小循环。

——有效市场，有为政府。坚持市场化、法治化原则，充分发挥市场在资源配置中的决定性作用，更好发挥政府作用，强化竞争政策基础地位，加快转变政府职能，用足用好超大规模市场优势，让需求更好地引领优化供给，让供给更好地服务扩大需求，以统一大市场集聚资源、推动增长、激励创新、优化分工、促进竞争。

——系统协同，稳妥推进。不断提高政策的统一性、规则的一致性、执行的协同性，科学把握市场规模、结构、组织、空间、环境和机制建设的步骤与进度，坚持放管结合、放管并重，提升政府监管效能，增强在开放环境中动态维护市场稳定、经济安全的能力，有序扩大统一大市场的影响力和辐射力。

（三）主要目标

——持续推动国内市场高效畅通和规模拓展。发挥市场促进竞争、深化分工等优势，进一步打通市场效率提升、劳动生产率提高、居民收入增加、市场主体壮大、供给质量提升、需求优化升级之间的通道，努力形成供需互促、产销并进、畅通高效的国内大循环，扩大市场规模容量，不断培育发展强大国内市场，保持和增强对全球企业、资源的强大吸引力。

——加快营造稳定公平透明可预期的营商环境。以市场主体需求为导向，力行简政之道，坚持依法行政，公平公正监管，持续优化服务，加快打造市场化法治化国际化营商环境。充分发挥各地区比较优势，因地制宜为各类市场主体投资兴业营造良好生态。

——进一步降低市场交易成本。发挥市场的规模效应和集聚效应，加强和改进反垄断反不正当竞争执法司法，破除妨碍各种生产要素市场化配置和商品服务流通的体制机制障碍，降低制度性交易成本。促进现代流通体系建设，降低全社会流通成本。

——促进科技创新和产业升级。发挥超大规模市场具有丰富应用场景和放大创新收益的优势，通过市场需求引导创新资源有效配置，促进创新要素有序流动和合理配置，完善促进自主创新成果市场化应用的体制机制，支撑科技创新和新兴产业发展。

——培育参与国际竞争合作新优势。以国内大循环和统一大市场为支撑，有效利用全球要素和市场资源，使国内市场与国际市场更好联通。推动制度型开放，增强在全球产业链供应链创新链中的影响力，提升在国际经济治理中的话语权。

二、强化市场基础制度规则统一

（四）完善统一的产权保护制度。完善依法平等保护各种所有制经济产权的制度体系。健全统一规范的涉产权纠纷案件执法司法体系，强化执法司法部门协同，进一步规范执法领域涉产权强制措施规则和程序，进一步明确和统一行政执法、司法裁判标准，健全行政执法与刑事司法双向衔接机制，依法保护企业产权及企业家人身财产安全。推动知识产权诉讼制度创新，完善知识产权法院跨区域管辖制度，畅通知识产权诉讼与仲裁、调解的对接机制。

（五）实行统一的市场准入制度。严格落实"全国一张清单"管理模式，严禁各地区各部门自行发布具有市场准入性质的负面清单，维护市场准入负面清单制度的统一性、严肃性、权威性。研究完善市场准入效能评估指标，稳步开展市场准入效能评估。依法开展市场主体登记注册工作，建立全国统一的登记注册数据标准和企业名称自主申报行业字词库，逐步实现经营范围登记的统一表述。制定全国通用性资格清单，统一规范评价程序及管理办法，提升全国互通互认互用效力。

（六）维护统一的公平竞争制度。坚持对各类市场主体一视同仁、平等对待。健全公平竞争制度框架和政策实施机制，建立公平竞争政策与产业政策协调保障机制，优化完善产业政策实施方式。健全反垄断法律规则体系，加快推动修改反垄断法、反不正当竞争法，完善公平竞争审查制度，研究重点领域和行业性审查规则，健全审查机制，统一审查标准，规范审查程序，提高审查效能。

（七）健全统一的社会信用制度。编制出台全国公共信用信息基础目录，完善信用信息标准，建立公共信用信息同金融信息共享整合机制，形成覆盖全部信用主体、所有信用信息类别、全国所有区域的信用信息网络。建立健全以信用为基础的新型监管机制，全面推广信用承诺制度，建立企业信用状况综合评价体系，以信用风险为导向优化配置监管资源，依法依规编制出台全国失信惩戒措施基础清单。健全守信激励和失信惩戒机制，将失信惩戒和惩治腐败相结合。完善信用修复机制。加快推进社会信用立法。

三、推进市场设施高标准联通

（八）建设现代流通网络。优化商贸流通基础设施布局，加快数字化建设，推动线上线下融合发展，形成更多商贸流通新平台新业态新模式。推动国家物流枢纽网络建设，大力发展多式联运，推广标准化托盘带板运输模式。大力发展第三方物流，支持数字化第三方物流交付平台建设，推动第三方物流产业科技和商业模式创新，培育一批有全球影响力的数字化平台企业和供应链企业，促进全社会物流降本增效。加强应急物流体系建设，提升灾害高风险区域交通运输设施、物流站点等设防水平和承灾能力，积极防范粮食、能源等重要产品供应短缺风险。完善国家综合立体交通网,推进多层次一体化综合交通枢纽建设,推动交通运输设施跨区域一体化发展。建立健全城乡融合、区域联通、安全高效的电信、能源等基础设施网络。

(九)完善市场信息交互渠道。统一产权交易信息发布机制,实现全国产权交易市场联通。优化行业公告公示等重要信息发布渠道,推动各领域市场公共信息互通共享。优化市场主体信息公示,便利市场主体信息互联互通。推进同类型及同目的信息认证平台统一接口建设,完善接口标准,促进市场信息流动和高效使用。依法公开市场主体、投资项目、产量、产能等信息,引导供需动态平衡。

(十)推动交易平台优化升级。深化公共资源交易平台整合共享,研究明确各类公共资源交易纳入统一平台体系的标准和方式。坚持应进必进的原则要求,落实和完善"管办分离"制度,将公共资源交易平台覆盖范围扩大到适合以市场化方式配置的各类公共资源,加快推进公共资源交易全流程电子化,积极破除公共资源交易领域的区域壁垒。加快推动商品市场数字化改造和智能化升级,鼓励打造综合性商品交易平台。加快推进大宗商品期现货市场建设,不断完善交易规则。鼓励交易平台与金融机构、中介机构合作,依法发展涵盖产权界定、价格评估、担保、保险等业务的综合服务体系。

四、打造统一的要素和资源市场

(十一)健全城乡统一的土地和劳动力市场。统筹增量建设用地与存量建设用地，实行统一规划，强化统一管理。完善城乡建设用地增减挂钩节余指标、补充耕地指标跨区域交易机制。完善全国统一的建设用地使用权转让、出租、抵押二级市场。健全统一规范的人力资源市场体系，促进劳动力、人才跨地区顺畅流动。完善财政转移支付和城镇新增建设用地规模与农业转移人口市民化挂钩政策。

（十二）加快发展统一的资本市场。统一动产和权利担保登记，依法发展动产融资。强化重要金融基础设施建设与统筹监管，统一监管标准，健全准入管理。选择运行安全规范、风险管理能力较强的区域性股权市场，开展制度和业务创新试点，加强区域性股权市场和全国性证券市场板块间的合作衔接。推动债券市场基础设施互联互通，实现债券市场要素自由流动。发展供应链金融，提供直达各流通环节经营主体的金融产品。加大对资本市场的监督力度，健全权责清晰、分工明确、运行顺畅的监管体系，筑牢防范系统性金融风险安全底线。坚持金融服务实体经济，防止脱实向虚。为资本设置"红绿灯"，防止资本无序扩张。

（十三）加快培育统一的技术和数据市场。建立健全全国性技术交易市场，完善知识产权评估与交易机制，推动各地技术交易市场互联互通。完善科技资源共享服务体系，鼓励不同区域之间科技信息交流互动，推动重大科研基础设施和仪器设备开放共享，加大科技领域国际合作力度。加快培育数据要素市场，建立健全数据安全、权利保护、跨境传输管理、交易流通、开放共享、安全认证等基础制度和标准规范，深入开展数据资源调查，推动数据资源开发利用。

（十四）建设全国统一的能源市场。在有效保障能源安全供应的前提下，结合实现碳达峰碳中和目标任务，有序推进全国能源市场建设。在统筹规划、优化布局基础上，健全油气期货产品体系，规范油气交易中心建设，优化交易场所、交割库等重点基础设施布局。推动油气管网设施互联互通并向各类市场主体公平开放。稳妥推进天然气市场化改革，加快建立统一的天然气能量计量计价体系。健全多层次统一电力市场体系，研究推动适时组建全国电力交易中心。进一步发挥全国煤炭交易中心作用，推动完善全国统一的煤炭交易市场。

（十五）培育发展全国统一的生态环境市场。依托公共资源交易平台，建设全国统一的碳排放权、用水权交易市场，实行统一规范的行业标准、交易监管机制。推进排污权、用能权市场化交易，探索建立初始分配、有偿使用、市场交易、纠纷解决、配套服务等制度。推动绿色产品认证与标识体系建设，促进绿色生产和绿色消费。

五、推进商品和服务市场高水平统一

（十六）健全商品质量体系。建立健全质量分级制度，广泛开展质量管理体系升级行动，加强全供应链、全产业链、产品全生命周期管理。深化质量认证制度改革，支持社会力量开展检验检测业务，探索推进计量区域中心、国家产品质量检验检测中心建设，推动认证结果跨行业跨区域互通互认。推动重点领域主要消费品质量标准与国际接轨，深化质量认证国际合作互认，实施产品伤害监测和预防干预，完善质量统计监测体系。推进内外贸产品同线同标同质。进一步巩固拓展中国品牌日活动等品牌发展交流平台，提高中国品牌影响力和认知度。

（十七）完善标准和计量体系。优化政府颁布标准与市场自主制定标准结构，对国家标准和行业标准进行整合精简。强化标准验证、实施、监督，健全现代流通、大数据、人工智能、区块链、第五代移动通信（5G）、物联网、储能等领域标准体系。深入开展人工智能社会实验，推动制定智能社会治理相关标准。推动统一智能家居、安防等领域标准，探索建立智能设备标识制度。加快制定面部识别、指静脉、虹膜等智能化识别系统的全国统一标准和安全规范。紧贴战略性新兴产业、高新技术产业、先进制造业等重点领域需求，突破一批关键测量技术，研制一批新型标准物质，不断完善国家计量体系。促进内外资企业公平参与我国标准化工作，提高标准制定修订的透明度和开放度。开展标准、计量等国际交流合作。加强标准必要专利国际化建设，积极参与并推动国际知识产权规则形成。

（十八）全面提升消费服务质量。改善消费环境，强化消费者权益保护。加快完善并严格执行缺陷产品召回制度，推动跨国跨地区经营的市场主体为消费者提供统一便捷的售后服务，进一步畅通商品异地、异店退换货通道，提升消费者售后体验。畅通消费者投诉举报渠道，优化消费纠纷解决流程与反馈机制，探索推进消费者权益保护工作部门间衔接联动机制。建立完善消费投诉信息公示制度，促进消费纠纷源头治理。完善服务市场预付式消费管理办法。围绕住房、教育培训、医疗卫生、养老托育等重点民生领域，推动形成公开的消费者权益保护事项清单，完善纠纷协商处理办法。

六、推进市场监管公平统一

（十九）健全统一市场监管规则。加强市场监管行政立法工作，完善市场监管程序，加强市场监管标准化规范化建设，依法公开监管标准和规则，增强市场监管制度和政策的稳定性、可预期性。对食品药品安全等直接关系群众健康和生命安全的重点领域，落实最严谨标准、最严格监管、最严厉处罚、最严肃问责。对互联网医疗、线上教育培训、在线娱乐等新业态，推进线上线下一体化监管。加强对工程建设领域统一公正监管，依纪依法严厉查处违纪违法行为。强化重要工业产品风险监测和监督抽查，督促企业落实质量安全主体责任。充分发挥行业协会商会作用，建立有效的政企沟通机制，形成政府监管、平台自律、行业自治、社会监督的多元治理新模式。

（二十）强化统一市场监管执法。推进维护统一市场综合执法能力建设，加强知识产权保护、反垄断、反不正当竞争执法力量。强化部门联动，建立综合监管部门和行业监管部门联动的工作机制，统筹执法资源，减少执法层级，统一执法标准和程序，规范执法行为，减少自由裁量权，促进公平公正执法，提高综合执法效能，探索在有关行业领域依法建立授权委托监管执法方式。鼓励跨行政区域按规定联合发布统一监管政策法规及标准规范，积极开展联动执法，创新联合监管模式，加强调查取证和案件处置合作。

（二十一）全面提升市场监管能力。深化简政放权、放管结合、优化服务改革，完善"双随机、一公开"监管、信用监管、"互联网＋监管"、跨部门协同监管等方式，加强各类监管的衔接配合。充分利用大数据等技术手段，加快推进智慧监管，提升市场监管政务服务、网络交易监管、消费者权益保护、重点产品追溯等方面跨省通办、共享协作的信息化水平。建立健全跨行政区域网络监管协作机制，鼓励行业协会商会、新闻媒体、消费者和公众共同开展监督评议。对新业态新模式坚持监管规范和促进发展并重，及时补齐法规和标准空缺。

七、进一步规范不当市场竞争和市场干预行为

（二十二）着力强化反垄断。完善垄断行为认定法律规则，健全经营者集中分类分级反垄断审查制度。破除平台企业数据垄断等问题，防止利用数据、算法、技术手段等方式排除、限制竞争。加强对金融、传媒、科技、民生等领域和涉及初创企业、新业态、劳动密集型行业的经营者集中审查，提高审查质量和效率，强化垄断风险识别、预警、防范。稳步推进自然垄断行业改革，加强对电网、油气管网等网络型自然垄断环节的监管。加强对创新型中小企业原始创新和知识产权的保护。

（二十三）依法查处不正当竞争行为。对市场主体、消费者

反映强烈的重点行业和领域，加强全链条竞争监管执法，以公正监管保障公平竞争。加强对平台经济、共享经济等新业态领域不正当竞争行为的规制，整治网络黑灰产业链条，治理新型网络不正当竞争行为。健全跨部门跨行政区域的反不正当竞争执法信息共享、协作联动机制，提高执法的统一性、权威性、协调性。构建跨行政区域的反不正当竞争案件移送、执法协助、联合执法机制，针对新型、疑难、典型案件畅通会商渠道、互通裁量标准。

（二十四）破除地方保护和区域壁垒。指导各地区综合比较优势、资源环境承载能力、产业基础、防灾避险能力等因素，找准自身功能定位，力戒贪大求洋、低层次重复建设和过度同质竞争，不搞"小而全"的自我小循环，更不能以"内循环"的名义搞地区封锁。建立涉企优惠政策目录清单并及时向社会公开，及时清理废除各地区含有地方保护、市场分割、指定交易等妨碍统一市场和公平竞争的政策，全面清理歧视外资企业和外地企业、实行地方保护的各类优惠政策，对新出台政策严格开展公平竞争审查。加强地区间产业转移项目协调合作，建立重大问题协调解决机制，推动产业合理布局、分工进一步优化。鼓励各地区持续优化营商环境，依法开展招商引资活动，防止招商引资恶性竞争行为，以优质的制度供给和制度创新吸引更多优质企业投资。

（二十五）清理废除妨碍依法平等准入和退出的规定做法。除法律法规明确规定外，不得要求企业必须在某地登记注册，不得为企业跨区域经营或迁移设置障碍。不得设置不合理和歧视性的准入、退出条件以限制商品服务、要素资源自由流动。不得以备案、注册、年检、认定、认证、指定、要求设立分公司等形式设定或者变相设定准入障碍。不得在资质认定、业务许可等方面，对外地企业设定明显高于本地经营者的资质要求、技术要求、检验标准或评审标准。清理规范行政审批、许可、备案等政务服务事项的前置条件和审批标准，不得将政务服务事项转为中介服务事项，没有法律法规依据不得在政务服务前要求企业自行检测、检验、认证、鉴定、公证以及提供证明等，不得搞变相审批、有偿服务。未经公平竞争不得授予经营者特许经营权，不得限定经营、购买、使用特定经营者提供的商品和服务。

（二十六）持续清理招标采购领域违反统一市场建设的规定和做法。制定招标投标和政府采购制度规则要严格按照国家有关规定进行公平竞争审查、合法性审核。招标投标和政府采购中严禁违法限定或者指定特定的专利、商标、品牌、零部件、原产地、供应商，不得违法设定与招标采购项目具体特点和实际需要不相适应的资格、技术、商务条件等。不得违法限定投标人所在地、所有制形式、组织形式，或者设定其他不合理的条件以排斥、限制经营者参与投标采购活动。深入推进招标投标全流程电子化，加快完善电子招标投标制度规则、技术标准，推动优质评标专家等资源跨地区跨行业共享。

八、组织实施保障

（二十七）加强党的领导。各地区各部门要充分认识建设全国统一大市场对于构建新发展格局的重要意义，切实把思想和行动统一到党中央决策部署上来，做到全国一盘棋，统一大市场，畅通大循环，确保各项重点任务落到实处。

（二十八）完善激励约束机制。探索研究全国统一大市场建设标准指南，对积极推动落实全国统一大市场建设、取得突出成效的地区可按国家有关规定予以奖励。动态发布不当干预全国统一大市场建设问题清单，建立典型案例通报约谈和问题整改制度，着力解决妨碍全国统一大市场建设的不当市场干预和不当竞争行为问题。

（二十九）优先推进区域协作。结合区域重大战略、区域协调发展战略实施，鼓励京津冀、长三角、粤港澳大湾区以及成渝地区双城经济圈、长江中游城市群等区域，在维护全国统一大市场前提下，优先开展区域市场一体化建设工作，建立健全区域合作机制，积极总结并复制推广典型经验和做法。

（三十）形成工作合力。各地区各部门要根据职责分工，不折不扣落实本意见要求，对本地区本部门是否存在妨碍全国统一大市场建设的规定和实际情况开展自查清理。国家发展改革委、市场监管总局会同有关部门建立健全促进全国统一大市场建设的部门协调机制，加大统筹协调力度，强化跟踪评估，及时督促检查，推动各方抓好贯彻落实。加强宣传引导和舆论监督，为全国统一大市场建设营造良好社会氛围。重大事项及时向党中央、国务院请示报告。

最高人民法院
关于为加快建设全国统一大市场
提供司法服务和保障的意见

法发〔2022〕22号

为深入贯彻党的十九大和十九届历次全会精神,认真落实《中共中央 国务院关于加快建设全国统一大市场的意见》,充分发挥人民法院职能作用,为加快建设全国统一大市场提供高质量司法服务和保障,结合人民法院工作实际,制定本意见。

一、总体要求

1. 切实增强为加快建设全国统一大市场提供司法服务和保障的责任感、使命感。加快建设高效规范、公平竞争、充分开放的全国统一大市场,是以习近平同志为核心的党中央从全局和战略高度作出的重大战略部署,是构建新发展格局的基础支撑和内在要求。各级人民法院要切实把思想和行动统一到党中央重大战略部署上来,深刻把握"两个确立"的决定性意义,增强"四个意识"、坚定"四个自信"、做到"两个维护",不断提高政治判断力、政治领悟力、政治执行力,坚持服务大局、司法为民、公正司法,忠实履行宪法法律赋予的职责,充分发挥法治的规范、引领和保障作用,为加快建设全国统一大市场提供高质量司法服务和保障。

2. 准确把握为加快建设全国统一大市场提供司法服务和保障的切入点、着力点。各级人民法院要紧紧围绕党中央重大决策部署,坚持"两个毫不动摇",坚持问题导向,完整、准确、全面贯彻新发展理念,强化系统观念、注重协同配合、积极担当作为,统筹立审执各领域、各环节精准发力,统筹市场主体、要素、规则、秩序统一保护,对标对表持续推动国内市场高效畅通和规模拓展、加快营造稳定公平透明可预期的营商环境、进一步降低市场交易成本、促进科技创新和产业升级、培育参与国际竞争合作新优势五大主要目标,有针对性地完善司法政策、创新工作机制、提升司法质效,不断提高司法服务保障工作的实效性,更好发挥市场在资源配置中的决定性作用,为建设高标准市场体系、构建高水平社会主义市场经济体制提供坚强司法支撑。

二、加强市场主体统一平等保护

3. 助力实行统一的市场准入。依法审理建设工程、房地产、矿产资源以及水、电、气、热力等要素配置和市场准入合同纠纷案件,准确把握自然垄断行业、服务业等市场准入放宽对合同效力的影响,严格落实"非禁即入"政策。依法审理涉市场准入行政案件,支持分级分类推进行政审批制度改革,遏制不当干预经济活动特别是滥用行政权力排除、限制竞争行为。加强市场准入负面清单、涉企优惠政策目录清单等行政规范性文件的附带审查，推动行政机关及时清理废除含有地方保护、市场分割、指定交易等妨碍统一市场和公平竞争的规范性文件，破除地方保护和区域壁垒。

4.加强产权平等保护。坚持各类市场主体诉讼地位平等、法律适用平等、法律责任平等，依法平等保护各类市场主体合法权益。严格区分经济纠纷、行政违法与刑事犯罪，坚决防止将经济纠纷当作犯罪处理，坚决防止将民事责任变为刑事责任。依法惩治侵犯产权违法犯罪行为，健全涉案财物追缴处置机制，最大限度追赃挽损。充分贯彻善意文明执行理念，进一步规范涉产权强制措施，严禁超标的、违法查封财产，灵活采取查封、变价措施，有效释放被查封财产使用价值和融资功能。完善涉企产权案件申诉、重审等机制，健全涉产权冤错案件有效防范纠正机制。支持规范行政执法领域涉产权强制措施，依法维护市场主体经营自主权。

5.依法平等保护中外当事人合法权益。研究制定法律查明和国际条约、国际惯例适用等司法解释，准确适用域外法律和国际条约、国际惯例。优化涉外民商事纠纷诉讼管辖机制，研究制定第一审涉外民商事案件管辖司法解释。加强司法协助工作，完善涉外送达机制，推动建成域外送达统一平台。推进国际商事法庭实质化运行，健全国际商事专家委员会工作机制，完善一站式国际商事纠纷解决信息化平台，实现调解、仲裁和诉讼有机衔接，努力打造国际商事纠纷解决新高地。准确适用外商投资法律法规，全面实施外商投资准入前国民待遇加负面清单制度，依法维护外商投资合同效力，促进内外资企业公平竞争。推进我国法域外适用法律体系建设，依法保护"走出去"企业和公民合法权益。

6. 完善市场主体救治和退出机制。坚持破产审判市场化、法治化、专业化、信息化方向，依法稳妥审理破产案件，促进企业优胜劣汰。坚持精准识别、分类施策，对陷入财务困境但仍具有发展前景和挽救价值的企业，积极适用破产重整、破产和解程序，促进生产要素优化组合和企业转型升级，让企业重新焕发生机活力，让市场资源配置更加高效。积极推动完善破产法制及配套机制建设，完善执行与破产工作有序衔接机制，推动企业破产法修改和个人破产立法，推动成立破产管理人协会和设立破产费用专项基金，推进建立常态化"府院联动"协调机制。

7. 依法及时兑现市场主体胜诉权益。进一步健全完善综合治理执行难工作大格局，加强执行难综合治理、源头治理考评，推动将执行工作纳入基层网格化管理，完善立审执协调配合机制，确保"切实解决执行难"目标如期实现。进一步加强执行信息化建设，拓展升级系统功能，强化执行节点管理，提升执行流程监管自动化、智能化水平。探索建立律师调查被执行人财产等制度，推进落实委托审计调查、公证取证、悬赏举报等制度。探索建立怠于履行协助执行义务责任追究机制，建立防范和制止规避执行行为制度，依法惩戒拒执违法行为。配合做好强制执行法立法工作，制定或修订债权执行等司法解释，完善执行法律法规体系。

三、助力打造统一的要素和资源市场

8. 支持健全城乡统一的土地市场。妥善审理涉农村土地"三权分置"纠纷案件，促进土地经营权有序流转。依法审理农村集体经营性建设用地入市纠纷，支持加快建设同权同价、流转顺畅、收益共享的城乡统一建设用地市场。以盘活利用土地为目标，妥善审理涉及国有企事业单位改革改制土地资产处置、存量划拨土地资产产权确定、上市交易等案件。依法审理建设用地使用权转让、出租、抵押等纠纷案件，保障建设用地规范高效利用。适应土地供给政策调整，统一国有土地使用权出让、转让合同纠纷案件裁判尺度。

9. 支持发展统一的资本市场。依法严惩操纵市场、内幕交易、非法集资、贷款诈骗、洗钱等金融领域犯罪，促进金融市场健康发展。妥善审理金融借款合同、证券、期货交易及票据纠纷等案件，规范资本市场投融资秩序。依法处理涉供应链金融、互联网金融、不良资产处置、私募投资基金等纠纷，助力防范化解金融风险。完善私募股权投资、委托理财、资产证券化、跨境金融资产交易等新型纠纷审理规则，加强数字货币、移动支付等法律问题研究，服务保障金融业创新发展。

10. 支持建设统一的技术和数据市场。加强科技成果所有权、使用权、处置权、收益权司法保护，妥善处理因科技成果权属认定、权利转让、权利质押、价值认定和利益分配等产生的纠纷，依法支持科技创新成果市场化应用。依法保护数据权利人对数据控制、处理、收益等合法权益，以及数据要素市场主体以合法收集和自身生成数据为基础开发的数据产品的财产性权益，妥善审理因数据交易、数据市场不正当竞争等产生的各类案件，为培育数据驱动、跨界融合、共创共享、公平竞争的数据要素市场提供司法保障。加强数据产权属性、形态、权属、公共数据共享机制等法律问题研究，加快完善数据产权司法保护规则。

11. 支持建设全国统一的能源和生态环境市场。依法审理涉油气期货产品、天然气、电力、煤炭交易等纠纷案件，依法严惩油气、天然气、电力、煤炭非法开采开发、非法交易等违法犯罪行为，推动资源合法有序开发利用。研究发布司法助力实现碳达峰碳中和目标的司法政策，妥善审理涉碳排放配额、核证自愿减排量交易、碳交易产品担保以及企业环境信息公开、涉碳绿色信贷、绿色金融等纠纷案件，助力完善碳排放权交易机制。全面准确适用民法典绿色原则、绿色条款，梳理碳排放领域出现的新业态、新权属、新问题，健全涉碳排放权、用水权、排污权、用能权交易纠纷裁判规则。研究适用碳汇认购、技改抵扣等替代性赔偿方式，引导企业对生产设备和生产技术进行绿色升级。

四、依法维护统一的市场交易规则

12. 优化营商环境司法保障机制。法治是最好的营商环境。对照加快建设全国统一大市场要求，探索建立符合我国国情、国际标准的司法服务保障营商环境指标体系，加大服务保障营商环境建设情况在考评工作中的比重。出台服务保障营商环境建设的司法解释和司法政策。配合有关职能部门，开展营商环境创新试点工作，制定出台建设法治化营商环境实施规划，建立营商环境定期会商机制。依托司法大数据，建立法治化营商环境分析研判机制。加大营商环境司法保障工作宣传力度，提振经营者投资信心。探索设立人民法院优化营商环境专家咨询委员会。

13. 助力营造公平诚信的交易环境。切实实施民法典，出台民法典合同编司法解释，贯彻合同自由、诚实信用原则，保护合法交易行为，畅通商品服务流通，降低市场交易成本。完善推动社会主义核心价值观深度融入审判执行工作配套机制，发挥司法裁判明辨是非、惩恶扬善、平衡利益、定分止争功能，引导市场主体增强法治意识、公共意识、规则意识。构建虚假诉讼预防、识别、惩治机制，依法严惩虚假诉讼违法犯罪行为。强化失信被执行人信用惩戒力度，完善失信惩戒系统，细化信用惩戒分级机制，修订完善失信被执行人名单管理规定，探索建立守信激励和失信被执行人信用修复制度。探索社会信用体系建设与人民法院审判执行工作深度融合路径，推动建立健全与市场主体信用信息相关的司法大数据归集共享和使用机制。

14. 支持区域市场一体化建设。健全区域重大战略、区域协调发展司法服务和保障机制，依法支持京津冀、长三角、粤港澳大湾区以及成渝地区双城经济圈、长江中游城市群等区域，在维护全国统一大市场前提下，优先开展区域市场一体化建设工作。充分发挥最高人民法院巡回法庭作用，健全巡回区法院资源共享、联席会议、法官交流等工作机制，积极探索区域司法协作新路径。健全跨域司法联动协作机制，积极推广司法服务保障区域市场一体化的典型经验做法。

15. 推进内地与港澳、大陆与台湾规则衔接机制对接。加强涉港澳台审判工作，探索建立涉港澳台商事案件集中管辖机制。加强司法协助互助，落实内地与澳门仲裁程序相互协助保全安排，落实内地与香港相互认可和协助破产程序机制。探索简化港澳诉讼主体资格司法确认和诉讼证据审查认定程序，拓展涉港澳案件诉讼文书跨境送达途径，拓宽内地与港澳相互委托查明法律渠道。推动建立深港澳调解组织和调解员资质统一认证机制，完善港澳人士担任特邀调解员、陪审员制度，依法保障符合条件的港澳律师在粤港澳大湾区执业权利。完善与港澳台司法交流机制，推动建立粤港澳法官审判专业研讨常态化机制，支持海峡两岸法院开展实务交流。

16. 加强国内法律与国际规则衔接。坚持统筹推进国内法治与涉外法治，大力推进涉外审判体系和审判能力现代化建设，加强重大涉外民商事案件审判指导，探索多语言发布涉外民商事指导性案例，扩大中国司法裁判国际影响力和公信力。实施海事审判精品战略，加快推进国际海事司法中心建设，探索完善航运业务开放、国际船舶登记、沿海捎带、船舶融资租赁等新类型案件审理规则，打造国际海事纠纷争议解决优选地。加强与有关国际组织、国家和地区司法领域合作，加大对走私、洗钱、网络诈骗、跨境腐败等跨境犯罪的打击力度。积极参与国际贸易、知识产权、环境保护、网络空间等领域国际规则制定，提升我国在国际经济治理中的话语权。

五、助力推进商品和服务市场高水平统一

17. 强化知识产权司法保护。加大知识产权司法保护力度，服务保障科技创新和新兴产业发展，以创新驱动、高质量供给引领和创造新需求。持续加大对重点领域、新兴产业关键核心技术和创新型中小企业原始创新司法保护力度。严格落实知识产权侵权惩罚性赔偿、行为保全等制度，有效遏制知识产权侵权行为。推动完善符合知识产权案件审判规律的诉讼规范，健全知识产权法院跨区域管辖制度，畅通知识产权诉讼与仲裁、调解对接机制，健全知识产权行政执法和司法衔接机制。

18. 依法保护劳动者权益。妥善审理平等就业权纠纷等案件，推动消除户籍、地域、身份、性别等就业歧视，促进劳动力、人才跨地区顺畅流动。加强跨境用工司法保护，准确认定没有办理就业证件的港澳台居民与内地用人单位签定的劳动合同效力。出台服务保障国家新型城镇化建设的司法政策，依法保护进城务工人员合法权益。研究出台涉新业态民事纠纷司法解释，加强新业态从业人员劳动权益保障。积极开展根治欠薪专项行动，依法严惩拒不支付劳动报酬违法犯罪行为，加大欠薪案件审执力度。推动完善劳动争议解决体系。

19. 助力提升商品质量。坚决惩处制售假冒伪劣商品、危害食品药品安全等违法犯罪行为。依法从严惩处制假售假、套牌侵权、危害种质资源等危害种业安全犯罪，促进国家种业资源统一保护。依法审理因商品质量引发的合同、侵权纠纷案件，准确适用惩罚性赔偿制度，注重运用民事手段助推商品质量提升。依法审理涉产品质量行政纠纷案件，支持行政机关深化质量认证制度改革，加强全供应链、全产业链、产品全生命周期管理。研究制定审理危害生产安全犯罪案件司法解释，促进安全生产形势持续好转。

20.支持提升消费服务质量。完善扩大内需司法政策支撑体系，积极营造有利于全面促进消费的法治环境。严惩预付消费诈骗犯罪，妥善处理住房、教育培训、医疗卫生、养老托育等重点民生领域消费者权益保护纠纷案件，提高群众消费安全感和满意度。完善网络消费、服务消费等消费案件审理规则，服务保障消费升级和消费新模式新业态发展。优化消费纠纷案件审理机制，探索建立消费者权益保护集体诉讼制度，完善消费公益诉讼制度，推动建立消费者权益保护工作部门间衔接联动机制，促进消费纠纷源头治理。

六、切实维护统一的市场竞争秩序

21.依法打击垄断和不正当竞争行为。强化司法反垄断和反不正当竞争，依法制止垄断协议、滥用市场支配地位等垄断行为，严厉打击侵犯商业秘密、商标恶意抢注、攀附仿冒等不正当竞争行为，加强科技创新、信息安全、民生保障等重点领域不正当竞争案件审理。加强对平台企业垄断的司法规制，及时制止利用数据、算法、技术手段等方式排除、限制竞争行为，依法严惩强制"二选一"、大数据杀熟、低价倾销、强制搭售等破坏公平竞争、扰乱市场秩序行为，防止平台垄断和资本无序扩张。依法严厉打击自媒体运营者借助舆论影响力对企业进行敲诈勒索行为，以及恶意诋毁商家商业信誉、商品声誉等不正当竞争行为。完善竞争案件裁判规则，适时出台反垄断民事诉讼司法解释。

22. 监督支持行政机关强化统一市场监管执法。修改完善办理政府信息公开案件司法解释，依法审理市场监管领域政府信息公开案件，促进行政机关严格依照法定权限和程序公开市场监管规则。依法妥善审理涉市场监管自由裁量、授权委托监管执法、跨行政区域联合执法等行政纠纷案件，监督支持行政机关提高综合执法效能、公平公正执法。加强与检察机关协作，通过审理行政公益诉讼案件、发送司法建议等方式，共同推动市场监管部门健全权责清晰、分工明确、运行顺畅的监管体系。加强与市场监管执法部门沟通协作，推进统一市场监管领域行政裁判规则与执法标准。

23. 依法惩处扰乱市场秩序违法犯罪行为。研究制定审理涉税犯罪案件司法解释，依法惩处逃税、抗税、骗税、虚开增值税专用发票等违法犯罪行为，加大对利用"阴阳合同"逃税、文娱领域高净值人群逃税等行为的惩处力度。加强与税务、公安等部门执法司法协同，推动完善税收监管制度。准确把握合同诈骗、强迫交易等违法犯罪行为入刑标准，依法认定相关合同效力，维护市场主体意思自治。依法严惩通过虚假诉讼手段逃废债、虚假破产、诈骗财物等行为。研究制定审理非法经营刑事案件司法解释，严格规范非法经营刑事案件定罪量刑标准。研究制定办理渎职刑事案件适用法律问题司法解释，对国家工作人员妨害市场经济发展的渎职犯罪处理问题作出规定。

24. 助力统筹推进疫情防控和经济社会发展。依法严惩利用疫情诈骗、哄抬物价、囤积居奇、造谣滋事，以及制售假劣药品、医疗器械、医用卫生材料等犯罪，维护疫情防控期间生产生活秩序。妥善处理疫情引发的合同违约、企业债务等纠纷案件，准确适用不可抗力规则，合理平衡当事人利益。精准服务做好"六稳"、"六保"，妥善处理因疫情引发的劳资用工、购销合同、商铺租赁等民商事纠纷，持续完善司法惠民惠企政策，帮助受疫情严重冲击的行业、中小微企业和个体工商户纾困解难。

七、健全司法服务和保障工作机制

25. 深入推进诉讼制度改革。严格按照改革部署要求，系统集成推进司法体制综合配套改革各项工作举措，切实满足市场主体高效便捷公正解决纠纷的司法需求。强化诉权保护理念，坚决贯彻执行立案登记制度。稳妥推进四级法院审级职能定位改革，优化民商事、行政案件级别管辖标准，完善再审申请程序和立案标准，健全案件移送管辖提级审理机制，推动将具有普遍法律适用指导意义、关乎社会公共利益的案件交由较高层级法院审理。认真贯彻落实新修订的民事诉讼法，用足用好繁简分流改革成果，出台民事速裁适用法律问题司法解释，进一步推动案件繁简分流、轻重分离、快慢分道。

26. 完善统一法律适用工作机制。加强司法解释管理，完善案例指导制度,建立全国法院法律统一适用平台,构建类案裁判规则数据库,推行类案和新类型案件强制检索制度,完善合议庭、专业法官会议工作机制,充分发挥审判委员会职责,构建多层次、立体化法律适用分歧解决机制。健全完善司法公开制度体系,加大司法公开四大平台整合力度。推进司法制约监督体系建设,全面推行审判权力责任清单和履职指引制度,完善"四类案件"识别监管机制,构建科学合理的司法责任认定和追究制度。

27. 深化一站式多元解纷和诉讼服务体系建设。坚持和发展新时代"枫桥经验",把非诉讼纠纷解决机制挺在前面,推动矛盾纠纷系统治理、综合治理、源头治理,切实降低市场主体纠纷解决成本。突出一站、集约、集成、在线、融合五个关键,建设集约高效、多元解纷、便民利民、智慧精准、开放互动、交融共享的现代化诉讼服务体系。发挥人民法院调解平台集成作用,完善司法调解与人民调解、行政调解联动体系,强化诉讼与非诉讼实质性对接。加大在线视频调解力度,建立健全劳动争议、金融保险、证券期货、知识产权等专业化调解机制。

28. 加强互联网司法和智慧法院建设。推进互联网、大数据、人工智能、区块链与审判执行工作深度融合,以司法数据中台和智慧法院大脑为牵引,推动智能协同应用,拓展数据知识服务,构建一体云网设施,提升质效运维水平。推进落实《人民法院在线诉讼规则》《人民法院在线调解规则》《人民法院在线运行规则》,进一步健全完善在线司法程序规范,优化平台建设,推动互联网司法模式成熟定型。深化互联网法院建设,推动完善互联网法院设置和案件管辖范围，充分发挥互联网法院在确立规则、完善制度、网络治理等方面的规范引领作用。

29. 提高服务保障能力水平。牢牢坚持党对司法工作的绝对领导，坚持以党建带队建促审判，推动党建与审判业务工作深度融合、互促共进。加大知识产权、环境资源、涉外法治、破产、金融、反垄断等领域高层次审判人才培养力度，培养一批树牢市场化思维、精通相关领域业务的审判业务专家。通过教育培训、案例指导、交流研讨等形式，加强相关领域审判业务指导，最高人民法院适时发布相关领域指导性案例和典型案例。充分用好人民法院各类研究平台和资源，加强对有关重大问题的调查研究，推出高质量研究成果。

30. 加强组织实施保障。各级人民法院要把服务保障加快建设全国统一大市场作为重大政治任务，列入党组重要议事日程，及时研究解决工作推进中的新情况新问题，对是否存在妨碍全国统一大市场建设的规定和实际情况开展自查清理。最高人民法院各有关部门要加强条线指导，各地法院要结合本地区经济社会发展实际，细化完善服务保障措施，推出新招硬招实招，确保各项服务保障举措落地见效。要认真总结司法服务保障建设全国统一大市场的好经验好做法，全媒体、多角度、立体化做好宣传、总结、推广，为加快建设全国统一大市场营造良好舆论氛围。

最高人民法院

2022 年 7 月 14 日